명탐정, 인류무형유산을 찾아라!

사회와 친해지는 책 ❖ 전통문화

명탐정, 인류무형유산을 찾아라!

유네스코가 선정한
한국의 무형유산

날개달린연필 글 | 홍선주 그림

창비

머리말

인류무형유산 여행을 떠나기 전에

    10년이면 강산도 변한다는 말이 있어요. 세월이 흐르면 모든 것이 변하게 된다는 뜻이지요. 하지만 요즘은 10년이 아니라 1년, 아니 하루만 지나도 많은 것이 달라집니다. 자고 일어나면 새로운 것이 생겨나기도 하고, 이전의 것이 변화하기도 해요. 이렇게 빠르게 변화하는 시대이지만 수천 년, 수백 년 동안 대대로 전해져 지켜지고 있는 것도 있어요. 이 책에서 소개할 인류무형유산이 바로 그런 것이랍니다.

    인류가 함께 지키고 보전해야 할 가치 있는 무형유산이 우리나라에는 많이 있어요. 지금까지 열네 개나 되는 유산들이 유네스코(세계적으로 소중한 자연유산 및 문화유산 들을 발굴·보호·보존하는 데 앞장서는 국제기구)에 등재되었지요. 그 유산들을 보면 노래도 있고, 춤도 있고, 제사 의식이나 민속놀이도 있고, 전문 기술을 가진 장인도 있어요. 그 종류가 무척 다양하답니다.

    이런 무형유산들은 아주 오랫동안 사람들의 삶 속에서 이어져 왔어요. 하지만 오래전에 만들어진 것이기 때문에 지금 우리가 보고 듣기에는 조금 어색하고 어렵게 느껴질 수 있어요. 처음 들어 보는 말도 있고, 절차가 복잡해서 시대에 뒤떨어진다고 생각할 수도 있을 거예요.

조금만 눈을 크게 뜨고 마음을 열어 보세요. 판소리를 들어 보고, 강강술래를 뛰어 보고, 남사당놀이를 구경하다 보면 어느새 느낄 수 있답니다. 그 속에 담긴 조상들의 마음은 현재를 살아가는 우리들의 마음과 별로 다르지 않다는 걸요. 모두가 함께 어울려 건강하고 즐겁게 살아가고자 했던 바람은 예나 지금이나 변함없다는 것을 말이에요.

　이 책을 만드는 과정은 참 힘들고 더디게 진행되었어요. 여러 무형유산들에 대해 책을 보며 공부하고, 취재 여행을 통해 체험해 보고, 원고를 쓰고, 여러 번의 수정을 하는 동안 2년이 넘는 시간이 흘렀어요. 어렵고 힘든 작업이었지만 우리 무형유산의 멋을 알아 가는 보람된 작업이기도 했어요.
　책을 만드는 데 도움 주신 모든 분들과 멋진 그림을 그려 주신 화가 선생님, 그리고 지금도 곳곳에서 우리 문화를 이어 가고 있는 많은 분들에게 감사의 마음을 전합니다.

　이제 그럼, 함께 인류무형유산 여행을 떠나 볼까요?

2012년 4월
날개달린연필

차례

머리말_인류무형유산 여행을 떠나기 전에 4

1. 명탐정, 사건을 의뢰받다 10

2. 첫 여행을 떠나다 _판소리 22
 가곡•마음을 가다듬는 선비의 노래 38

3. 부채 속 연못을 찾아가다 _종묘제례와 종묘제례악 40
 영산재•영혼을 극락으로 인도하는 불교 의식 56

4. 새로운 단서를 발견하다 _처용무 58
 대목장•나무로 집을 짓는 최고의 전문가 72

5. 명탐정, 약속을 어기다 _강릉단오제 74
 제주칠머리당영등굿•바람의 여신에게 지내는 굿 92

6. 보름달 아래 손을 잡다 _ 강강술래 94
    매사냥 • 자연을 활용한 사냥법 110

7. 사건의 실마리를 찾다 _ 남사당놀이 112

8. 명탐정, 부채의 비밀을 풀다 128
    유네스코 인류무형유산 142

참고한 책과 인터넷 사이트 144
사진 제공 146

★ **일러두기**

1. 유네스코(UNESCO, United Nations Educational, Scientific and Cultural Organization, 국제연합교육과학문화기구)에 등재된 무형문화유산을 가리키는 말로 '인류무형문화유산' '인류의 무형유산' '세계무형유산' 등 다양한 표현이 있으나, 이 책 본문에서는 우리나라 문화재청의 표현을 참고하여 '인류무형유산'으로 통일하였습니다.

2. 이 책에 인용된 '흥보가'와 '강강술래 노래'는 각각 『김수연 창본 흥보가』(김진영, 이회문화사 2006)와 『강강술래: 우리 몸에 새겨진 삶의 노래』(한얼미디어 2004)를 바탕으로 하였습니다.

3. 124면의 줄타기 사진은 이 책의 이야기와는 별도로 공연된 것으로, 본문 내용에 걸맞게 재구성한 것입니다.

4. 맞춤법과 띄어쓰기는 현행 표기법을 따르되, '강릉단오제' '종묘제례' '종묘제례악' '제주칠머리당영등굿' 등 각 무형유산의 이름은 고유 명사 및 전문 용어로 보고 붙여 썼습니다.

명탐정

타고난 추리 본능과 예민한 감각을 지니고 있으며 '명탐정사무소'를 운영하고 있다. 호기심이 많아서 의심 가는 일이면 절대 그냥 지나치는 법이 없고 남들이 미처 생각하지 못한 것을 미리 생각하는 경우가 많다. 우리 문화유산에 관심이 많아 샘의 사건 의뢰 메일을 받고 수사를 시작한다.

★ **명탐정의 탐정 수첩** 유네스코에 등재된 우리나라의 인류무형유산 중 직접 찾아가지 못한 유산에 대한 정보를 정리한 수첩.

나지혜

명탐정과 오랜 친구 사이로 함께 '명탐정사무소'를 운영하고 있다. 책을 좋아해서 상식이 풍부하고, 꼼꼼하고 치밀한 성격이다.
늘 수첩을 가지고 다니며 기록하는 습관이 있다.

★ **나지혜의 조사 수첩** 인류무형유산 현장에 가기 전에 방문할 곳에 대한 다양한 정보를 꼼꼼히 적어 놓은 수첩.

샘

할아버지 부채의 비밀을 풀고 싶다는 생각에 명탐정에게 사건을 의뢰한다. 그리고 미국에서 한국으로 날아와 명탐정, 나지혜와 함께 수사를 시작한다. 재미 교포 3세지만 한국말을 잘하고, 새로운 것을 배우기 좋아한다.
한 번 마음먹은 일은 꼭 해내는 집념도 가지고 있다.

1. 명탐정, 사건을 의뢰받다

"명탐정! 명탐정!"

나지혜가 명탐정사무소 문을 벌컥 열고 들어오며 명탐정을 급히 불렀다.

"왜? 무슨 일이야?"

시간 가는 줄 모르고 컴퓨터 앞에 앉아 있던 명탐정이 고개를 들어 나지혜를 보았다.

"새로운 사실을 알아냈어. 너도 들으면 아마 깜짝 놀랄걸?"

나지혜의 말에 명탐정도 호기심이 생기는지 귀를 쫑긋 세웠다.

"우리가 저번에 유네스코에 등재된 우리나라 기록유산을 구했잖아."

명탐정은 고개를 끄덕이며 대답했다.

"응, 그랬지."

나지혜가 수첩을 펴 들고 말을 이었다.

"그런데 말이야, 이 유네스코에 우리나라 무형유산도 등재되어 있대! 너, 무형유산에 대해 아는 것 좀 있어?"

한껏 흥분한 나지혜가 호들갑을 떨자 명탐정이 시시하다는 듯 피식 웃었다.

"에이, 난 또 뭐라고."

명탐정은 의자 등받이에 몸을 기대더니 눈을 감고 팔짱을 끼며 말했다.

"무형유산은 말이지, 연극, 음악, 공예, 무용처럼 일정한 모양이나 형체 없이 전해 내려오는 문화유산을 말하지."

"정해진 모양이나 형체가 없다고? 연극이나 무용이 왜 모양이 없어? 공연장에 가면 다 볼 수 있는 거 아니야?"

나지혜가 고개를 갸웃하며 묻자 명탐정이 답했다.

"예를 들어 『직지심체요절』이나, 창덕궁, 불국사의 다보탑 같은 문화유산은 형태가 있어서 손으로 만질 수 있잖아. 그런 것은 유형유산이라고 하지."

"아, 그러니까 손으로 만질 수 있는 모양이나 형체가 있으면 유형유산, 그렇지 않으면 무형유산이라는 말이지?"

"그렇지. 그러니까 유형유산은 훼손되지 않도록 잘 보존하는 게 중요하다면 무형유산은 누군가 그것을 계속 이어 가야만 지켜 나갈 수 있다, 그 말씀이야."

"흠, 명탐정 너, 제법인데."

나지혜가 감탄했다. 명탐정은 어깨를 으쓱하며 말했다.

"탐정이란 모름지기 세상 돌아가는 일을 잘 알아야 하는 거야."

"쳇, 세상 돌아가는 일을 잘 알면 뭐해? 아무도 사건을 안 맡기는데. 그러니까 지난번 기록유산 사건 때 우리가 사건을 해결했다고 대대적으로 알렸어야 했어!"

"지혜야, 알 만한 사람들은 우리가 사건을 해결했다는 걸 다 알아. 못 봤어? 인터넷에 돌아다니는 '세계기록유산을 구한 어린이 탐정의 활약'이라는 글 말이야. 이것 좀 봐 봐."

명탐정은 인터넷을 검색해 짧은 글 하나를 찾았다. 그리고 나지혜에게 보여 주었다.

세계기록유산을 구한 어린이 탐정의 활약

어린이 탐정이 한국의 세계기록유산을 구했다.

2009년 개관을 앞둔 기록유산 박물관에서 특별 신문 기사가 하나씩 지워지는 사건이 발생했다. 이 사건은 경찰 수사로 범인을 잡아 해결된 것으로 알려졌지만, 사건을 해결한 진짜 주인공은 따로 있다는 소문이 돌고 있다. 두 어린이 탐정이 사라진 기사를 채워 나가는 한편, 역사를 조작하려는 범죄 집단의 실체를 밝혀내고 그들을 검거하는 데 결정적인 역할을 하였다는 것이다.

"흥, 누가 그런 글을 믿겠어?"

나지혜는 내용을 대강 훑어보더니 코웃음을 쳤다. 그때였다. 명탐정의 컴퓨터 화면에 새로운 메일이 도착했다는 메시지가 떴다. 명탐정이 메일함을 열며 중얼거렸다.

"사건 의뢰 메일인가?"

명탐정의 말에 나지혜도 컴퓨터 가까이로 다가왔다. 두 사람은 함께 모니터를 들여다보았다. 명탐정에게 도착한 메일의 제목은 '사건 의뢰 – 부채의 주인을 찾아 주세요'였다. 나지혜가 놀란 목소리로 말했다.

"사건 의뢰? 부채의 주인?"

"어서 열어 보자."

명탐정이 제목을 클릭하자 편지 내용이 화면을 가득 메웠다.

한국의 명탐정과 나지혜에게

안녕! 나는 샘이라고 해.

한 번도 만난 적이 없는 너희에게 편지를 쓰려니까 좀 떨려. 너희는 나를 모르겠지만 난 너희를 알아. 얼마 전에 인터넷에서 '세계기록유산을 구한 어린이 탐정의 활약'이라는 글을 읽었거든. 나는 깜짝 놀랐어. 너희는 나와 나이가 같은데도 그런 큰일을 해낸 거잖아. 정말 대단하다고 생각해.

나는 편지 쓰는 걸 좋아하는 편은 아니야. 하지만 너희에게 아주 중요한 부탁을 해야 하거든. 그래서 용기를 내서 쓰는 거야. 그러니까 꼭 끝까지 읽어 줘야 해.

우리 할아버지는 35년 전에 아빠와 함께 한국에서 이곳 샌프란시스코로 이민을 왔어. 그리고 나는 여기서 태어나 이제 열두 살이 되었지.

나는 할아버지와 많은 시간을 함께 보냈어. 아빠 엄마가 일하시는 동안 할아버지가 나를 키워 주셨거든. 그런데 그런 할아버지가 얼마 전에 갑자기 돌아가셨어. 나는 너무 충격을 받았지. 믿어지지가 않았어.

얼마 뒤, 할아버지의 유품을 정리하다가 여행 가방 하나를 발견했어. 그 가방 속에는 수첩과 작은 상자가 들어 있었지. 수첩에는 할아버지가 쓰신 메모가 빼곡하게 적혀 있었어. 모두 한국 여행에 관한 것이었지. 나는 깜짝 놀랐어. 할아버지가 여행을 준비하고 계셨다니! 수첩에는 '한국에 가서 무형유산을 돌아보고 싶다. 가서 이 부채도 꼭 주인에게 돌려주고 싶다.'라고

쓰여 있었어. 상자에는 아주 낡은 부채가 들어 있었지.

도대체 이 부채는 누구 것인지, 할아버지는 왜 한국 여행을 계획하신 건지 궁금해져서 수첩을 꼼꼼히 살펴보았어. 하지만 어떤 단서도 발견할 수 없었지. 기운이 빠져서 수첩을 덮으려고 할 때, 나는 수첩의 마지막 장에서 이런 문장을 발견했어. '이번 여행을 손자 샘과 함께 갈 수 있다면 얼마나 좋을까!' 나는 코끝이 찡했어. 그리고 문득 할아버지가 돌아가시기 전에 뉴스를 보면서 눈물을 흘리시던 장면이 떠올랐어. 할아버지는 한국과 관련된 뉴스라면 빼놓지 않고 보셨거든. 그때 할아버지가 보시던 뉴스는 유네스코에 등재된 한국의 인류무형유산에 관한 거였던 것 같아. 할아버지는 부채를 들고 혼자서 중얼거리셨지. '어휴, 내가 죽기 전에 이 부채를 주인에게 돌려주어야 할 텐데.' 그러고 보니 상자 속 부채는 그때 할아버지가 뉴스를 보며 들고 계셨던 그 부채였어!

할아버지의 수첩과 부채를 보고 나자 나는 할아버지 대신 내가 이 여행을 해야겠다는 생각이 들었지. 할아버지의 바람대로 부채의 주인을 찾아 꼭 부채를 돌려주고 싶거든. 또 한국의 무형유산에 대해서도 궁금증이 생겼어. 그걸 알아 가다 보면 할아버지를 더 가까이 느낄 수 있을 것 같아. 하지만 며칠 동안 망설였어. '과연 내가 할 수 있을까?' 하는 생각이 들었지. 나는 한국에 대해서도, 한국의 무형유산에 대해서도 제대로 아는 게 없으니까. 그런데 그렇게 망설이고 있을 때 인터넷에서 너희의 활약을 알게 된 거야.

그래서 말인데, 할아버지가 남긴 부채의 비밀을 함께 풀어 주지 않겠니? 너희가 도와준다면 용기를 내서 해 볼 수 있을 것 같아. 내 부탁을 들어줄 수 있는지 꼭 답장해 줘. 기다리고 있을게.

2011년 3월 9일

미국 샌프란시스코에서 샘

★ 추신: 혹시 도움이 될까 해서 할아버지의 부채 사진을 첨부 파일로 보내.

명탐정이 첨부 파일을 컴퓨터 화면에 크게 띄웠다. 그러고는 화면에 돋보기를 들이대며 말했다.

"음, 자세히 보자고. 이 부채가 단서가 될 수도 있으니까."

나지혜도 명탐정의 어깨 너머로 부채 사진을 들여다보며 들뜬 목소리로 말했다.

"그래, 이제야 제대로 된 사건을 만난 거야! 저기 저 연못 한가운데에 심은 건 무슨 나무지? 저 나무가 단서일 수도 있잖아?"

명탐정도 진지하게 말했다.

"부채의 종이는 어디서 만든 걸까? 저 종이가 단서일 수도 있지. 그

런데 왜 부채 왼쪽에만 그림이 있고 오른쪽은 비워 놓았을까? 이상한데…….”

나지혜는 화면으로 고개를 더 가까이 갖다 대며 말했다.

"저기 왼쪽 위 끄트머리에 달 그림 보여? 예쁘다. 어쩌면 저 달과 관련 있을지 몰라.”

명탐정은 컴퓨터 화면에서 눈을 떼고 잠시 생각에 잠기더니 입을 열었다.

"음, 우선 편지 내용을 정리해 보자. 그러면 좀 더 쉽게 해결될지도 몰라.”

나지혜가 눈을 반짝 빛내며 수첩을 펴 들었다.

"그래그래.”

명탐정과 나지혜는 머리를 맞대고 사건을 차근차근 정리하기 시작했다.

1. 샘의 할아버지는 돌아가시기 전, 한국 여행 계획을 세우고 계셨다.
2. 부채는 주인이 따로 있고, 할아버지는 이 부채를 주인에게 돌려주고 싶어 하셨다.
3. 샘의 할아버지는 샘과 함께 여행을 하고 싶어 하셨다.
4. 그 여행은 부채 그리고 유네스코에 등재된 한국의 인류무형유산과 관련이 있는 것 같다. 그런데 어떤 관련이 있는지는 모른다.

명탐정과 나지혜는 수첩에 적은 것을 함께 들여다보았다. 명탐정이 풀 죽은 목소리로 말했다.

"이것만 봐서는 뭘 어떻게 해야 할지 잘 모르겠는걸."

나지혜도 머리를 긁적였다.

"그러게. 쉽지 않은 사건이 될 것 같아."

그때 별안간 명탐정이 자리에서 벌떡 일어났다. 그 바람에 나지혜와 머리를 부딪히고 말았다.

"아얏! 아파! 왜 갑자기 일어나고 그래?"

나지혜가 머리를 만지며 벌컥 화를 내는데, 뭔가 떠올랐다는 듯 명탐정의 눈이 반짝였다.

"우선, 조사를 해야 해."

"무슨 조사?"

"부채만 봐서는 사건을 해결할 수 없잖아."

명탐정의 말을 듣고 나지혜도 알겠다는 듯 고개를 끄덕거렸다.

"무형유산에 대해 우선 알아봐야 한다는 말이지?"

"바로 그거야."

"좋아! 얼른 찾아보자."

명탐정은 검색창에 '유네스코 등재 한국의 인류무형유산'이라고 입력했다. 그러자 금방 관련 기사를 찾을 수 있었다. 나지혜는 유네스코에 등재된 한국의 인류무형유산 목록을 수첩에 적기 시작했다.

수첩에 꼼꼼하게 목록을 적어 넣는 나지혜를 보며 명탐정이 말했다.

"와, 생각보다 조사할 게 많은걸?"

판소리, 세상에서 가장 긴 노래

가곡, 마음을 가다듬는 선비의 노래

종묘제례와 종묘제례악, 왕실에서 지내는 국가 제사와 제사 음악

영산재, 영혼을 극락으로 인도하는 불교 의식

처용무, 악귀를 내쫓는 춤

대목장, 나무로 집을 짓는 최고의 전문가

강릉단오제, 신과 인간이 하나 되는 축제

제주칠머리당영등굿, 바람의 여신에게 지내는 굿

강강술래, 풍요를 기원하는 민속놀이

매사냥, 자연을 활용한 사냥법

남사당놀이, 마을을 돌며 신명 나게 노는 남사당패의 놀이 한마당

나지혜가 수첩에서 눈을 떼지 않은 채로 대답했다.
"이것만 잘 조사하면 분명히 뭔가 알아낼 수 있을 거야."
"부채 주인을 찾을 수도 있을 거고."
"모두가 우리를 대단한 탐정이라고 하겠지!"
여기까지 이야기를 나눈 두 사람은 마주 보고 싱긋 웃었다.
"어때? 한번 해 볼까?"
"좋아, 한번 해 보자. 일단 샘이라는 아이한테 답장을 보내야지."
명탐정과 나지혜는 나란히 앉아 메일을 쓰기 시작했다.

미국의 샘에게

안녕? 샘.

네 편지는 잘 받았어. 할아버지와 부채의 비밀이라……. 그리고 유네스코에 등재된 한국의 인류무형유산이라……. 아주 재미있는 이야기가 숨어 있을 것 같은데? 유능한 탐정이라면 이런 멋진 기회를 놓칠 리 없지. 우리가 도와줄 테니 어서 한국으로 와! 기다리고 있을게.

2011년 3월 10일

한국의 서울에서 명탐정과 나지혜

★ 추신: 할아버지의 부채를 챙겨 올 것. 잊지 마!

2. 첫 여행을 떠나다
● 판소리 ●

샘이 한국에 온 지 일주일이 지났다. 명탐정과 나지혜와 샘은 우선 판소리 공연부터 보기로 했다. 샘이 텔레비전에서 본 판소리 공연에서 할아버지 부채와 비슷한 부채를 봤다고 했기 때문이다. 명탐정은 인터넷을 검색해 판소리 공연에 관한 정보를 찾아냈다. 마침 근처 공원에서 판소리 공연이 있었다. 셋은 기대감에 부풀어 공원에 도착했다. 나지혜가 약도를 들여다보며 말했다.

"도대체 공원 어디서 공연을 한다는 거지?"

약도에는 분명 '판소리 마당, 시간: 토요일 오후 세 시, 장소: 솔밭공원'이라고 적혀 있었다. 하지만 공원 어디에서 판소리를 하는지 알 수 없었다. 셋은 주위를 두리번거렸다. 공원에만 오면 부채의 주인을 찾을 수 있을 것 같았는데 쉽지 않았다.

그때 샘이 말했다.

"보통 공연이라면 무대가 있는 극장에서 하는 거 아니야? 그런데 공원이라니……."

샘의 말에 나지혜가 수첩을 힐끗 보며 대답했다.

"사람들이 많이 모일 수 있는 마당이라면 어디든 판소리 무대가 될 수 있어. '판'은 마당을 뜻하는 말이래. 그러니까 판소리는 '마당에서 하는 소리'라는 뜻이지."

나지혜의 말에 샘이 눈을 빛내며 말했다.

"신기하다. 공연은 극장에서만 하는 줄 알았는데 그게 아닌가 보네!"

그때 어디선가 시원한 목소리가 들려왔다.

옛날 운봉 함양 두 어름에 흥보 놀보 두 형제가 살았는디~

나지혜가 눈을 빛내며 말했다.

"판소리를 시작했나 봐. 어서 소리 나는 쪽으로 가 보자!"

세 사람은 소리 나는 방향으로 나란히 뛰었다. 많은 사람들이 모여 있는 게 보였다.

그때 샘이 사람들 한가운데서 두루마기를 입고 선 아저씨를 가리키며 외쳤다.

"부채다!"

명탐정과 나지혜가 두리번거리며 물었다.

"어디? 어디?"

"부채가 어디 있어?"

나지혜와 명탐정은 샘이 가리키는 쪽을 보았다. 정말 노래 부르는 아

저씨가 부채를 들고 있었다. 세 사람은 부채를 보면서 자리에 앉았다. 하지만 앉은 자리가 멀어서 아저씨가 든 부채가 잘 보이지 않았다. 샘은 고개를 길게 빼고 부채에서 눈을 떼지 않으며 생각했다.

'부채 모양은 할아버지 거랑 비슷한 것 같은데, 저 부채에는 할아버지 부채에 달린 것 같은 매듭은 없네. 어유, 멀어서 잘 안 보여. 부채 그림도 비슷한지 더 자세히 보고 싶은데……'

하지만 바로 그때 노래를 부르던 사람이 착 소리를 내며 부채를 접어 버렸다. 샘은 아쉬운 마음에 입맛만 쩝쩝 다셨다. 그런 샘의 마음을 알았는지 나지혜가 소곤거렸다.

"부채가 잘 안 보인다고 너무 속상해하지 마. 이따가 공연 끝나고 찾아가서 물어보자."

나지혜의 말에 샘이 활짝 웃었다.

"그래, 그러면 되겠다."

마음이 놓인 샘은 공연장을 찬찬히 둘러보았다. 바닥에는 널따란 돗자리가 깔려 있고 돗자리 위에 두 사람이 있었다. 한 사람은 북을 치고 또 다른 한 사람은 옷자락을 펄럭이며 노래를 했다. 그 두 사람의 주위로 사람들이 둥글게 모여 앉아 있었다. 나지혜가 수첩을 펴고 명탐정과 샘에게 말했다.

"우리가 보통 노래라고 하는 걸 판소리에서는 '소리'라고 해. 그래서 지금 저기 서서 소리하는 사람을 '소리꾼'이라고 부른대. 옆에 북 치는 사람을 '고수'라고 하고."

양반 보면 관을 찢고, 의원 보면 침 도적질, 초상난 데 춤을 추고, 불난 데 부채질 솰솰, 고추밭에 말 달리고, 비단전에다 물총 놓고, 물 이고 가는 여자 귀 잡고 입 맞추고, 다 큰 큰애기 겁탈허고, 수절 과부 모함허고, 길가에 허방 놓고, 봉사 입에다 똥칠허고, 우는 애기는 더 때리고, 배 앓는 놈 살구 주고…….

명탐정이 나지혜를 쿡 찌르며 재밌어 죽겠다는 표정으로 말했다.
"하하, 입에 똥칠을 한대. 그럼 지금 부르는 건 똥 타령인가?"
그때였다. 명탐정의 등 뒤에서 굵은 음성이 들려왔다.
"똥 타령이라니? 허허, 너는 흥보 놀보 이야기도 모르느냐?"
명탐정이 깜짝 놀라 고개를 돌려 보니 중절모를 쓴 할아버지가 서 있었다. 명탐정은 엉뚱한 말을 한 것이 민망해 입을 다물었다.
시간이 한참 지나자 명탐정은 좀이 쑤셨다. 아무리 기다려도 공연이 끝나지 않을 것 같았기 때문이다. 명탐정은 나지혜에게 조그만 목소리로 물었다.
"이거 언제 끝날까?"
"나도 몰라, 이제 곧 끝나지 않을까?"
속닥거리는 명탐정과 나지혜에게 중절모 할아버지가 빙그레 웃으며 말했다.

"허허, 아직 끝나려면 멀었지. 판소리는 짧으면 두 시간, 길면 여덟 시간 동안 이어지는 세상에서 가장 긴 노래니까."

샘이 깜짝 놀라 물었다.

"여덟 시간이라고요? 에이, 설마요."

"허허, 정말이라니까. 한 사람이 여덟 시간 동안 계속해서 소리를 한다는 걸 믿기 힘들 게야. 하지만 사실이지."

그런데 갑자기 할아버지의 눈이 커다래지더니 아이들에게 말했다.
"오오, 시작됐다. 바로 여기가 내가 흥보가에서 가장 좋아하는 대목이야. 잘 들어 보려무나. 어깨가 들썩들썩 신이 난단 말이지."
소리꾼은 흥보가 박을 타는 장면을 노래하고 있었다.

흥보가 달려들며, 여보 마누라! 우지 마오. 아 이렇게 울 것이 아니라 우리가 박이나 한 통 따다가 박속을 끓여 먹고 바가지는 부잣집에 팔아다가 저 어린 자식들을 구환헙시다. 흥보 내외 박을 한 통 따다 놓고 한번 타 보는디, 시르르르렁 실근, 톱질이야, 에이여루, 당거 주소. 이 박을 어서 타서 박속일랑은 끓여 먹고 바가지일랑은 부잣집에다 팔아다가 목숨 보전을 허여 보세. 실근 시리렁 당거 주소.

중절모 할아버지는 뭐가 그렇게 재미있는지 어깨를 덩실거리며 "암, 얼씨구." 하고 말했다. 샘도 할아버지를 따라 해 보았다. 내용은 잘 몰랐지만 따라 하는 것만으로도 신이 났다. 나지혜는 박 속에 무엇이 들었을지 상상해 보는 게 재미있었다. 명탐정은 박타는 흉내를 내며 이리저리 몸을 흔들었다. 흥보가 박타는 장면이 다 끝나자, 할아버지는 아쉽다는 듯 아이들에게 물었다.
"언제 들어도 좋단 말이지. 너는 어떠냐? 신나지 않느냐?"
나지혜가 말했다.
"신나긴 한데요, 잘 못 알아듣는 부분도 많아요."
흥보 놀보 이야기를 잘 모르는 샘이 아쉽다는 듯 말했다.

"무슨 이야기인지 알면 더 재미있을 텐데……."

할아버지가 말을 이었다.

"허허, 그래. 이야기를 잘 알면 훨씬 재미있지. 판소리의 이야기는 보통 설화*를 바탕으로 한단다. 여기에 소리꾼들이 새롭게 이야기를 덧붙이거나 재미있게 만들어 오늘날까지 이어진 거야. 그 이야기들에는 모두 주인공이 있지. 너희, 이 주인공들의 공통점이 무엇인지 아느냐?"

나지혜가 말끝을 흐렸다.

"주인공들의 공통점이라고요? 그런 건 생각해 본 적이 없는데……."

"허허, 이야기가 있으면 주인공이 있는 법인데 주인공에 대해 생각을 안 해 보다니. 흠흠, 좋아, 그럼 이제부터 생각해 보자꾸나. 춘향이는 기생의 딸이야. 심청이는 앞 못 보는 봉사의 딸이고, 흥보는 놀보에게 쫓겨난 가난한 동생이고, 토끼는 작고 약한 동물이지. 병사들은 전쟁에서 가장 먼저 죽는 사람들이고. 어떠냐? 여기까지 들어도 생각이 안 나느냐?"

명탐정이 골똘히 생각에 잠겼다가 무릎을 탁 치며 말했다.

"알 거 같아요. 그러니까 판소리 주인공 중에 대단한 사람은 없어요."

"하하하하. 그래, 그렇게 말할 수도 있겠구나."

중절모 할아버지가 호탕하게 웃었다. 나지혜가 알겠다는 듯 고개를 끄덕이며 말했다.

"아, 그러니까 모두 평범하고 약한 사람이나 동물이 주인공이라는 말

★ **설화** 각 민족 사이에 전해 내려오는 신화, 전설, 민담 따위를 통틀어 이르는 말.

이네요? 그런데 그게 중요한가요?"

중절모 할아버지가 말했다.

"중요하고말고. 생각해 봐라. 너희가 어떤 이야기를 읽는데 이야기의 주인공이 아주 똑똑하고 멋지고 훌륭한 사람이라면, 그 이야기가 너희와는 상관없는 먼 나라 이야기처럼 느껴지지 않겠느냐? 하지만 주인공이 너희와 비슷하고 평범한 인물이라면 그 주인공이 울고 웃을 때 너희도 함께 울고 웃을 수 있겠지."

샘이 중절모 할아버지의 말을 듣고 말했다.

"아하, 그러니까 판소리를 들으면 주인공 이야기에 쉽게 공감이 된다

나지혜의 조사 수첩 　판소리 다섯 마당

판소리는 전해 내려오는 이야기에 노래를 넣어 엮은 우리 고유의 음악 장르 가운데 하나다. 그래서 전해 내려오는 이야기만큼이나 많은 종류가 있다. 조선 시대 때는 그중 열두 가지를 골라 판소리 열두 마당이라고 불렀다. 이 중 지금까지 내용이 모두 온전하게 전해지는 것은 춘향가, 심청가, 흥보가, 수궁가, 적벽가뿐이다. 이를 '판소리 다섯 마당'이라고 부른다.

춘향가 남원 기생의 딸인 춘향이와 남원 부사의 아들 이몽룡의 사랑 이야기.
심청가 눈먼 아버지의 눈을 뜨게 하기 위해 바다에 몸을 던지는 딸 심청이의 효성에 관한 이야기.
흥보가 욕심 많은 형 놀보와 마음씨 착한 동생 흥보 사이의 갈등을 다룬 이야기.
수궁가 토끼의 간을 먹어야 용왕의 병이 낫는다는 말에 자라가 육지에 사는 토끼를 꾀어 용궁에 데려오지만 토끼가 지혜를 발휘해 목숨을 건지는 이야기.
적벽가 중국 소설 『삼국지연의』에 나오는 전쟁, 적벽 대전을 바탕으로 한 전쟁 이야기.

는 말씀이신 거죠?"

"그렇지, 바로 그거야. 판소리는 모두 힘없는 사람들의 이야기야. 악보 없이 입에서 입으로 전해지다 보니 평범한 사람들의 생각이 이야기 속에 자연스럽게 녹아들 수 있었지."

나지혜가 눈을 빛내며 물었다.

"그렇다면 당시 사람들은 판소리를 정말 좋아했겠네요."

"암, 그렇고말고. 나도 말이다, 가난하게 칠십 평생을 살아왔단다. 그래서인지 흥보가 박을 타고 그 안에서 금은보화가 나오는 장면을 들으면 절로 신이 나는구나. 그러니 판소리야말로 우리네 삶을 보여 주는 훌륭한 예술인 것이지! 허허허."

중절모 할아버지의 말에 샘과 나지혜는 고개를 끄덕였다.

하지만 명탐정은 여전히 잘 모르겠다는 표정으로 나지혜에게 물었다.

"그런데 저건 노래야? 춤이야? 연극이야?"

나지혜가 되물었다.

"그게 무슨 말이야?"

"예술에도 종류가 있잖아. 연극이든 춤이든 뭐 그런 거 말이야. 그런데 판소리는 말로 할 때는 꼭 연극 같은데, 가락을 넣으면 노래고, 또 부채를 들고 움직일 때는 춤 같기도 하고, 그렇잖아."

샘이 반갑다는 듯 끼어들었다.

"아, 다른 나라에도 그런 거 있어. 오페라랑 뮤지컬이 그런데, 노래, 연극, 춤을 한 번에 다 볼 수 있지. 그 뭐더라, 그런 걸 종합 예술이라고 한다고 들은 것 같은데."

샘의 말에 할아버지가 뿌듯한 표정으로 말했다.

"그렇지. 암, 종합 예술이고말고. 판소리는 노래, 춤, 연극이 하나로 어우러진 종합 예술이지."

나지혜는 고개를 갸웃했다.

"그런데 판소리는 뮤지컬이나 오페라랑은 다른 것 같아. 그런 건 여럿이 나와 하는 거잖아. 판소리는 혼자 다 하는걸. 소리꾼이 흥보도 되었다, 흥보 마누라도 되었다, 또 놀보 역할도 했다가……, 모든 배역을 다 하는데?"

나지혜의 말에 할아버지가 대답했다.

"꼭 혼자 다 한다고 할 수는 없지."

나지혜가 할아버지에게 다가가서 다시 물었다.

"할아버지, 혼자 다 한다고 할 수 없다는 게 무슨 말이죠?"

"고수가 없으면 소리꾼은 소리를 할 수 없단다. 고수는 북으로 장단을 맞추지. 또 '얼씨구' '잘한다' 같은 추임새로 흥을 돋우고."

"그럼 판소리는 소리꾼이랑 고수, 이렇게 두 사람이 하는 거네요?"

"허허, 그게 그렇지가 않지. 소리꾼과 고수 말고도 판소리를 함께하는 사람이 있단다."

명탐정과 나지혜와 샘은 중절모 할아버지의 말이 이해되지 않았다. 지금 공연을 하고 있는 사람은 두 사람뿐인데 또 누가 함께한다는 건지 이상했다.

그때 공연을 보던 할머니 한 분이 무릎을 소리 나게 탁 치며 '얼씨구'라고 외쳤다. 그러자 소리꾼은 더욱 흥이 나는 듯 신나게 소리를 했다. 샘이 그 모습을 보고 눈이 커다래져서 외쳤다.

"저 할머니도 소리를 같이했어요. 얼씨구, 했잖아요."

샘의 말에 중절모 할아버지가 빙그레 웃었다. 샘이 계속 말했다.

"미국에서 연극을 볼 땐 모두 말없이 조용히 보기만 했어요. 그런데 여기서는 앉아서 공연을 보는 사람들이 말도 하고 그러네요."

"허허허, 요 녀석 아주 똑똑하구먼. 그래, 판소리는 소리꾼과 고수뿐 아니라 소리를 듣는 청중도 함께하는 거야. 청중이

흥을 돋워 주면 소리꾼은 더 힘을 내 소리를 하지."

중절모 할아버지의 말에 샘이 덧붙였다.

"맞아요. 판소리는 청중도 함께하니까 소리를 하는 사람이랑 듣는 사람이 모두 하나가 돼요."

그때 소리를 하던 소리꾼이 척 하고 부채를 펴 들었다. 셋은 다시 눈을 동그랗게 뜨고 부채를 살펴보았다. 하지만 아무래도 거리가 너무 멀었다. 소리꾼이 든 부채는 어떻게 보면 할아버지의 부채와 비슷한 것 같다가 또 어떻게 보면 달라 보였다. 샘은 마음이 답답해졌다. 그때 나지혜가 말했다.

"이제 곧 공연이 끝날 것 같은데, 저쪽 공연장 가까이로 가 보자."

그 말을 듣자 샘의 얼굴이 환해졌다.

"그래. 어쩌면 저 소리꾼 아저씨가 할아버지 부채의 주인일지도 모르

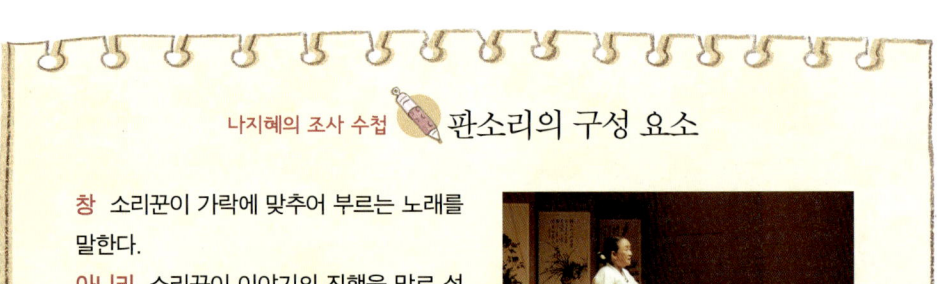

나지혜의 조사 수첩 판소리의 구성 요소

창 소리꾼이 가락에 맞추어 부르는 노래를 말한다.
아니리 소리꾼이 이야기의 진행을 말로 설명하는 부분을 말한다.
발림 소리꾼이 등장인물의 행동이나 몸짓을 표현하는 것을 말한다.
추임새 '잘한다!' '얼쑤!' '좋다!' 등 고수가 하는 말이다. 소리꾼을 북돋워 주고 소리판의 흥을 돋운다.

니까."

명탐정은 샘의 말을 들으며 설마 소리꾼 아저씨가 부채의 주인일 리는 없다고 생각했다. 하지만 샘을 실망시키고 싶지 않아 아무 말도 하지 않았다.

명탐정과 나지혜와 샘은 할아버지에게 인사를 하고 무대 가까이로 다가갔다. 마침 공연을 마친 소리꾼과 고수가 공원 안에 있는 작은 사무실로 들어가는 것이 보였다. 셋도 그들을 따라 사무실 안으로 들어갔다. 그때 소리꾼 아저씨는 머리 위에 썼던 갓을 벗고 있었다. 샘은 소리꾼 아저씨를 발견하고서 반가운 마음에 다짜고짜 큰 소리로 아저씨를 불렀다.

"소리꾼 아저씨! 아저씨, 혹시 부채 잃어버리신 적 없어요?"

샘이 갑자기 소리를 지르자 명탐정과 나지혜는 깜짝 놀랐다. 사무실 안에 있던 다른 사람들도 놀란 표정으로 샘을 바라보았다. 샘은 소리꾼 아저씨에게 뚜벅뚜벅 다가갔다. 그리고 메고 있던 가방을 옆에 내려놓고는 가방 속에서 상자 하나를 꺼냈다. 누가 봐도 몇십 년은 되었음 직한 낡은 상자였다. 샘은 조심스럽게 상자를 열었다. 상자 안에는 무언가가 보자기에 싸여 들어 있었다. 샘은 아기를 다루듯 천천히 그것을 꺼내 보자기의 매듭을 풀었다. 사람들의 눈이 모두 보자기 쪽으로 쏠렸다. 매듭을 다 풀자 그 안에서 단정하게 접힌 낡은 부채가 나왔다. 샘은 그 부채를 활짝 펴 들었다. 그리고 소리꾼 아저씨에게 내밀었다. 아저씨는 샘에게 부채를 건네받아 요리조리 살펴보았다. 샘은 숨죽여 아저

씨의 반응을 살폈다. 잠시 후 아저씨가 입을 열었다.

"으흠, 소리꾼한테 부채는 아주 중요한 물건이지. 박타는 대목을 부를 때는 부채가 박을 타는 톱이 되기도 하고, 때로는 지팡이가 되기도 하니까. 마치 항상 함께하는 친구 같은 거여. 그러니 내가 친구를 못 알아볼 리 없지. 이 부채는 내 부채가 아니여."

소리꾼 아저씨가 부채의 주인이 아니라는 말에 샘은 한순간에 시무룩해졌다. 명탐정은 실망한 샘을 대신해 샘이 미국에서 한국으로 오게 된 과정을 사람들에게 설명했다. 명탐정이 이야기를 모두 마치자, 한 사람씩 부채를 살펴보며 말했다.

"으흠, 참 좋은 부채네. 흔치 않은 종이로 만들었는데."

"요즘은 이런 부채 보기 힘들지. 나무도 아주 귀한 것 같군, 그래."

그 말을 들은 나지혜가 말했다.

"그래! 이 종이와 대나무에 단서가 있을지도 몰라!"

그러자 부채를 들고 있던 아저씨가 대답했다.

"이런 부채는 다 대나무와 화선지로 만든단다. 특별할 건 없어."

아저씨 가까이에서 그 말을 듣고 있던 명탐정이 부채에 돋보기를 들이대며 말했다.

"흠, 하지만 화선지치고 좀 두꺼워요. 아무래도 이 종이에 비밀이 숨어 있는 것……."

그때였다. 명탐정이 말을 다 마치기도 전에 주위에 있던 누군가가 말했다.

"그런데 부채에 그려져 있는 연못 말이야. 어디서 많이 본 것 같은데."

"어, 그래, 그 어디지? 제사 지내는 곳, 거기에 있는 연못 같아. 연못 가운데 나무가 있는 모양도 똑같은걸."

사람들의 말을 들은 샘이 벌떡 일어나 물었다.

"이 그림 속 연못이 어디 있다고요?"

부채를 든 아저씨가 눈을 가느다랗게 뜨고 부채의 그림을 다시 한 번 살피며 대답했다.

"그래, 분명해. 종묘, 종묘야. 종묘 안에 딱 이렇게 생긴 연못이 있어."

명탐정과 나지혜와 샘의 눈이 동시에 커다래졌다. 셋은 앞 다투어 물었다.

"정말요?"

"부채 속의 연못이 실제로 있다고요?"

"종묘라고요?"

아저씨가 고개를 끄덕이며 말했다.

"허허. 그렇다니까. 너희가 직접 종묘에 가서 확인해 보면 되겠구나. 가만 있자, 오늘이 4월 28일이니까, 며칠 후면 종묘에서 하는 종묘제례를 볼 수도 있을 게다. 종묘제례도 판소리만큼이나 중요한 무형유산이니 가 보면 분명 도움이 될 게야."

아저씨의 말에 셋은 서로 마주 보며 눈을 반짝였다. 다음 목적지는 말 안 해도 정해진 것이나 다름없었다.

명탐정의 탐정 수첩

가곡
마음을 가다듬는 선비의 노래

　가곡은 우리나라 전통 노래 중 하나이다. 우리나라 고유의 정형시인 시조시에 곡을 붙여 가야금, 거문고, 해금, 대금, 장구 등의 악기 반주에 맞추어 부른다. 가곡은 정악(正樂)에 속하는 음악인데, '바르고 단아한 음악'이라는 뜻이다. 서양의 음악에 비추어 보면 '고전 음악' 즉 '클래식'에 해당한다.

　원래 가곡에는 가장 느린 곡인 '만대엽', 중간 빠르기의 '중대엽', 가장 빠른 곡인 '삭대엽'이 있었는데, 시간이 흐르면서 만대엽과 중대엽은 사라지고 삭대엽만 남았다. 삭대엽은 가곡 중에서는 가장 빠르지만 요즘 노래에 비하면 매우 느린 곡이다. 그래서 가곡을 '삭대엽', 혹은 급하지 않고 느리게 부른다 하여 '만년장환지곡'이라고 부르기도 한다. 주로 조선 시대 선비들이 사랑방이나 정자에서 풍류를 즐기면서 불렀는데, 그 형태가 오랫동안 변화 없이 이어져 내려오고 있다.

● 어떻게 부를까?

지금까지 전해지는 가곡은 모두 41곡으로, 남창 26곡, 여창 15곡이다. 이 가운데 여창 가곡은 남창 가곡을 여자가 부를 수 있도록 선율이나 음역을 조금 바꾸어 놓은 것이기 때문에 남창 가곡과 거의 같다. 남창 가곡은 웅장하고 힘 있는 목소리로 남성적인 내용의 가사를 노래한다. 반면 여창 가곡은 여성적인 내용의 가사를 부드럽고 맑게 부른다.

가곡을 부를 때는 노래를 부르는 사람이 가운데에 앉고, 악기 연주자들은 그 뒤로 빙 둘러앉는다. 남자는 책상다리 자세로 앉고, 여자는 두 손을 모아서 다소곳이 세운 한쪽 무릎을 잡고 노래한다. 소리는 자연스럽고 품위 있게 내야 하며 아무리 높은 소리를 내더라도 고개를 흔들거나 얼굴을 찡그리지 않아야 한다.

● **마음을 편안하게 해 주는 가곡**

「단원도」 부분(1784, 개인 소장)

이 그림은 조선 시대 유명한 화가인 단원 김홍도(1745~?)가 집에 온 친구들과 거문고를 연주하고 음악을 감상하는 모습을 그린 것이다.

조선 시대 선비들에게 음악은 단순한 즐길 거리가 아니었다. 선비가 갖추어야 할 중요한 교양 중 하나였다. 선비들은 느리고 여유 있는 선율의 가곡을 통해 마음을 가다듬었다. 빠른 박자의 흥겨운 음악은 사람들을 즐겁게 하지만, 부드러운 노래나 느린 음악은 마음을 편안하게 해 주기 때문이다.

마음을 가라앉히고 편안해지고 싶을 때, 조상의 지혜가 담긴 가곡을 한번 들어 보는 건 어떨까?

3. 부채 속 연못을 찾아가다
종묘제례와 종묘제례악

오늘은 5월 2일. 종묘제례가 있는 날이다.

나지혜와 명탐정과 샘은 종묘의 정문으로 들어갔다. 봄 햇살을 받아 푸르러진 나무들 사이로 널찍한 길이 쭉 뻗어 있었다. 종묘 안은 구경 온 사람들로 북적였다. 명탐정은 돋보기를 들고 두리번거렸고, 샘은 부채를 활짝 펴 들고 부채 속 그림 한 번, 주변 한 번, 번갈아 살피며 중얼거렸다.

"똑같은 모양의 연못이 분명 있다고 했는데……."

나지혜가 들고 있던 지도의 한 곳을 가리키며 말했다.

"여기서 오른쪽으로 가 보자. 지도에 있는 여기가 왠지 그 연못 같아."

나지혜의 말에 셋은 큰길에서 빠져나와 오른쪽 길로 향했다. 곧 연못이 나타났다. 샘의 눈이 휘둥그레졌다.

"와! 정말 연못이 있네. 연못 안에 나무도 있고. 부채 속 그림이랑 똑같아!"

명탐정과 나지혜도 덩달아 흥분했다.

"진짜네! 이제 부채의 비밀을 풀었어!"

"진짜 똑같아!"

셋은 신이 나서 부채와 연못을 번갈아 보느라 누군가 다가온 것도 모르고 있었다.

"뭐가 똑같다는 거야?"

스무 살쯤 되어 보이는 남자가 셋의 어깨 너머로 부채를 들여다보며 물었다. 샘은 남자에게 부채를 보여 주며 대답했다.

"여기요, 여기 좀 보세요. 이 부채 속 연못이랑 나무하고 지금 여기에 있는 연못이랑 나무가 똑같잖아요. 이건 우리 할아버지 부채인데요, 이렇게 부채 속 그림과 정말 똑같은 곳이 있을 줄은……."

샘이 두서없이 앞뒤 사정을 설명하는 동안, 남자는 부채와 연못을 번갈아 보며 인상을 찌푸렸다. 그리고 작게 말했다.

"음, 아닌데. 여기를 그린 게 아니야."

셋은 깜짝 놀라 물었다.

"아니라고요?"

"어? 똑같은데요?"

남자가 그림을 가리키며 설명했다.

"잘 봐. 이 그림 속 나무는 소나무야. 그런데 지금 연못 안에 있는 저 나무는 향나무라고. 여기는 제사를 지내는 곳이기 때문에 향나무를 심거든."

남자의 설명을 듣고 셋은 다시 찬찬히 부채 그림과 눈앞의 연못을 살

폈다. 그러고 보니 정말 나무 모양이 달랐다. 샘은 이내 시무룩해졌다. 남자가 물었다.

"그런데 왜 부채 그림이랑 똑같은 장소를 찾는 거야?"

남자의 질문에 나지혜가 자초지종을 설명했다. 남자는 무슨 말인지 알겠다며 고개를 끄덕거리더니 샘에게 다가가 악수를 청하며 말했다.

"샘, 우리나라 무형유산을 보러 온 걸 환영해. 이렇게 만난 것도 인연이니, 오늘 하는 종묘제례에 대해 안내해 줄게. 내가 종묘에 대해서는 좀 알거든. 혹시 알아? 그러다가 부채의 비밀을 풀게 될지."

샘은 남자와 악수를 나누는 동안 마음이 풀어져서 수줍게 웃었다. 남자가 말했다.

"얘들아! 일단 정전★으로 가자. 종묘제례는 그곳에서 진행될 테니까. 자, 이쪽으로 따라와!"

셋은 남자를 따라갔다. 나지혜가 명탐정에게 속삭였다.

"저 오빠, 아는 거 되게 많은 것 같아. 다행이다."

정전을 향해 함께 걸으며 남자가 셋에게 물었다.

"종묘가 조선 시대 왕과 왕비에게 제사를 지내는 곳이라는 건 알지?"

나지혜가 수첩을 들여다보며 말했다.

"네. 경복궁이나 창덕궁 같은 궁궐은 임금님이 살아 있는 동안 계셨던 곳이고, 종묘는 돌아가신 다음에 계신 곳이에요."

★ **정전** 왕이 나와서 조회를 하던 궁전을 이르는 말. 경복궁의 근정전, 창덕궁의 인정전이 있다. 종묘의 경우 정전은 역대 왕과 왕비의 신주를 모셔 놓은 곳을 이른다.

명탐정이 이해가 안 간다는 듯 물었다.

"돌아가셨는데, 도대체 어디에 계신다는 거예요? 이해가 잘 안 돼요."

남자가 웃으며 대답했다.

"이곳 종묘에 돌아가신 분들의 영혼을 모셔 놓았지."

"영혼을 모셨다고요?"

"그래. 우리 조상들은 사람이 몸과 영혼으로 나뉘어 있다고 생각했어. 그래서 사람이 죽으면 몸은 땅속에 묻고 영혼은 나무패에 모셨지. 그 나무패를 '신주'라고 해. 바로 그 신주가 종묘에 있단다."

남자의 설명에 나지혜와 명탐정은 고개를 끄덕였다. 남자가 샘에게 말했다.

"샘, 아까 할아버지가 돌아가셨다고 했지? 너는 할아버지를 생각하면 어떤 기분이 드니?"

"할아버지가 돌아가신 건 슬프지만, 할아버지를 생각하면 마음이 따뜻하고 든든해져요. 어디서든 항상 절 지켜 주고 계시는 것 같고요."

남자가 샘의 머리를 쓰다듬었다.

"샘, 네가 돌아가신 할아버지를 기억하는 마음처럼 옛날 왕들도 아버지와 할아버지를 기억하고 섬긴 거야."

샘은 그제야 이해가 간다는 듯 고개를 끄덕거렸다. 계속해서 남자가 말했다.

"옛날에 왕은 백성 모두의 아버지였어. 그러니까 왕이 조상을 잘 섬기면 백성들이 이를 본받았겠지. 왕은 종묘제례를 통해서 직접 효를 실천하는 모습을 백성에게 보여 주고자 한 거야."

이야기를 나누는 사이, 네 사람은 종묘에서 가장 중요한 건물인 정전 앞에 다다랐다. 눈앞으로 가로로 길쭉한 건물이 위엄 있게 서 있었다. 숨이 멎을 것 같은 웅장한 풍경이었다. 수십 개의 기둥이 쭉 이어지는 정전은 가로 길이가 얼마나 긴지 좌우로 고개를 돌리지 않으면 한눈에 다 볼 수도 없었다. 아름다운 지붕 위로 푸르른 오월의 나뭇잎이 나부끼고 그 뒤로는 새파란 하늘이 펼쳐졌다. 나지혜가 정전을 보고 감탄하며 말했다.

"와, 대단해요. 화려하진 않지만, 엄숙한 느낌이 들어요."

"그래. 종묘는 동양의 파르테논 신전*이라고 불릴 만큼 아름답지. 세계 어디에도 이런 건물은 없어. 장식 없이 소박하지만 조상의 영혼을

★ **파르테논 신전** 그리스 아테네의 아크로폴리스에 있는 신전. 고대 아테네의 주신 아테나이 파르테노스를 모신 신전으로, 대표적인 도리스식 건축물이다.

모시는 만큼 기품과 위엄을 가진 멋진 건물이야."

네 사람이 정전의 규모와 아름다움에 감탄하는 무렵, 종묘제례를 앞두고 정전 앞마당은 전통 복장을 입고 제례를 준비하는 사람들과 이를 구경하기 위한 시민들로 가득 차기 시작했다. 나지혜가 눈을 반짝이며 물었다.

"저 많은 사람들은 다 무얼 하는 사람들이죠? 제사를 지내는데 왜 저렇게 많은 사람들이 필요한가요?"

"종묘제례는 아주 큰 제사라서 많은 사람들이 함께하지. 제사를 지내는 동안 악기를 연주하고 노래를 부르고 춤도 추어야 하니까."

남자의 대답에 명탐정이 깜짝 놀라 다시 물었다.

"악기랑 노래요? 춤도 춘다고요?"

남자가 고개를 끄덕이며 말했다.

"종묘제례는 나라에서 드리는 가장 큰 제사이기 때문에 할 수 있는 한 모든 예절과 정성을 다 갖추는 거야. 조선 시대 사람들은 음악에 하늘과 땅의 조화가 담겨 있다고 생각했어. 그러니 위로는 하늘에 있는 조상들을 위로하고 아래로는 땅에 있는 백성들의 안녕을 기원하는 왕실 제사에 음악이 빠질 수 없지. 바로 이 음악이 종묘제례악이란다."

그때였다. 둥둥둥둥. 장구, 북 같은 타악기 소리에 삐리리삐리리 태

나지혜의 조사 수첩 — 종묘사직이란?

사극을 보면 '종묘사직'이라는 말이 자주 등장한다. 종묘는 왕의 조상을 모시는 사당이고, 사직은 땅과 곡식의 신을 의미한다. 조선 시대에는 왕이 사는 궁궐의 동쪽에는 종묘를, 서쪽에는 사직단을 세웠다. 이는 조상 그리고 땅과 곡식의 신을 잘 섬겨야 나라가 편안하고 백성이 행복해진다고 믿은 유교의 기본 정신을 잘 보여 주는 것이다. 조선 시대 사람들에게 종묘와 사직단은 나라를 지탱하는 두 개의 큰 기둥과 같았다. 따라서 사극에서 자주 듣는 '종묘사직이 위태롭다'는 말은 '나라의 기틀이 흔들린다'는 뜻으로 이해하면 된다.

종묘

사직단

평소, 피리 등의 관악기 소리가 함께하고, 여기에 아쟁, 해금과 같은 현악기의 느린 선율이 더해졌다. 음악에 맞춘 노래도 들려왔다. 느리고 낮은 음악이 웅장한 정전과 잘 어울렸다. 춤을 추는 사람들은 여덟 명씩 여덟 줄로 서 있었다. 양손에 무언가를 들고 아주 천천히 팔다리를 움직이는, 같은 동작을 함께 반복하였다. 말없이 음악을 들으며 이 춤을 지켜보던 명탐정이 말했다.

"흐음, 제가 생각하는 음악이랑 너무 달라요. 마음이 차분해진다고 할까요. 좀 지겹기도 하고요. 춤도 흥겹다기보다는 경건한 느낌이에요. 그런데 종묘제례에서 쓰이는 음악을 누가 지었다고 들었던 것 같은데……, 기억이 안 나네."

나지혜가 손뼉을 짝 치며 말했다.

나지혜의 조사 수첩 — 정대업과 보태평

'정대업'과 '보태평'은 종묘제례 때 연주되는 음악 가운데 하나로, 세종 대왕이 만들었다. 그 전까지는 왕실에서 제사를 지낼 때에 중국 음악인 '아악'이 연주되었다. 세종 대왕은 평소에는 우리나라 고유의 음악을 연주하면서 제사 때에 중국 음악을 연주하는 것은 이치에 맞지 않는다고 생각해, 우리나라 고유의 음악인 '향악'을 바탕으로 정대업과 보태평이라는 새로운 음악을 만들었다. '큰 업을 정하다'라는 뜻의 정대업(定大業)은 역대 왕들이 적과 싸워 나라를 세우고 지킨 업적을 찬양하는 음악이다. 보태평(保太平)은 '태평을 보호한다'라는 의미로 태평 시대를 위해 애쓴 왕들의 문화 업적을 칭송하는 내용을 담았다. 세종 대왕이 돌아가시고 세조 임금 때부터 정대업과 보태평을 제례 음악으로 연주하게 되었다.

"세종 대왕! 이게 세종 대왕이 지은 음악 맞지요? 세종 대왕이 지으신 음악을 종묘제례에서 연주한다고 들은 것 같아요."

남자가 나지혜의 말에 대답했다.

"응, 맞아. 지금 연주되는 음악은 세종 대왕이 지으신 거야. 잘 조사해 왔구나."

음악이 연주되는 동안 제관*들이 분주하게 움직였다. 그중 한 사람은 마이크 앞에서 제문**을 엄숙하게 읽어 내려갔다. 샘이 까치발을 하고 정전을 바라보며 말했다.

"벌써 뭐가 시작된 건가요? 잘 안 보여요."

★ 제관 제사를 맡아 담당하는 사람.
★★ 제문 죽은 사람에 대하여 애도의 뜻을 나타낸 글.

샘의 말에 나지혜가 수첩을 힐끗 보며 말했다.

"내가 조사해 온 대로라면 가장 먼저 시작하는 건 신을 맞이하는 절차야."

남자가 말했다.

"그렇지. 제사 의식은 조상신을 맞이하고, 후손들이 신에게 준비한 것을 즐기게 해 드리고, 신이 후손들에게 복을 베푸신 다음, 다시 후손들이 신을 보내 드리는 순서에 따라 진행돼. 그건 집에서 지내는 제사나 이렇게 큰 제사나 다를 바가 없지."

명탐정이 여전히 의문이 다 풀리지 않았다는 듯이 물었다.

"어떻게 신을 맞이한다는 거예요?"

"향을 세 번 피우고, 한 잔의 술을 조금씩 나누어서 세 번 땅에 부어.

이렇게 하면 하늘에 있는 조상신을 모시게 된다고 믿은 거지."

"그런 다음에는요?"

샘이 신기해하며 남자의 다음 말을 재촉했다.

"그다음에는 신이 그 자리를 즐기실 수 있도록 술을 올렸어. 역시 한 잔을 조금씩 세 번 나누어서 따르고 이렇게 따른 술을 세 번 올리지. 옛날 사람들은 술이 하늘과 땅을 연결해 준다고 생각했거든. 그래서 이 절차가 의식 가운데 가장 중요해. 샘, 그다음은 무얼 한다고 했는지 기억나니?"

샘이 기다렸다는 듯 대답했다.

"그다음에는 신이 후손들에게 복을 베푸신다고 했어요! 그런데 복은 어떻게 받지요?"

"조상신에게 바친 술과 음식을 다시 후손들이 먹는 거야. 그럼 복을 받게 되지."

명탐정이 끼어들어 아는 척을 했다.

1 술을 부으며 조상신을 맞이하는 모습

2 신이 제사를 즐기도록 술을 올리는 모습

"아! 알아요. 그걸 '음복'이라고 해요. 집에서도 제사를 마치고 나면 상 위에 있는 음식을 먹어요!"

"그렇지, 바로 그거야. 그리고 마지막으로 신을 보내 드리는 거야. 신에게 바친 예물을 태우면 연기가 하늘로 올라가지. 그러고 나면 모든 의식이 끝나는 거란다."

"어, 좀 복잡한데요."

명탐정이 고개를 갸웃하자 남자가 말했다.

"그냥 자연스럽게 생각하면 돼. 집에 할아버지가 오신다고 상상해 봐. 그럼 할아버지를 맞아 음식을 대접하겠지. 할아버지는 그 모습을 보고 좋은 말씀을 해 주실 거고. 그러고 나서 다시 돌아가시겠지."

남자의 말에 나지혜가 고개를 끄덕이며 대답했다.

"음. 그렇게 생각하니까 간단하네요."

"하지만 저 아저씨는 계속 어려운 말만 읽어요. 간단하지 않다고요."

명탐정이 제문을 읽는 제관을 가리키며 말했다. 남자는 차근차근 설

3 음복을 하는 모습

4 예물을 태우며 신을 보내는 모습

명했다.

"제관이 읽는 것은 한자로 되어 있기 때문에 어렵게 들리는 것뿐이야. 지금 너희들이 보고 있는 종묘제례는 500년 넘게 이어져 온 형식과 순서를 따르고 있어. 그러니까 너희들한테는 조금 복잡해 보일지도 몰라. 하지만 중요한 것은 복잡한 형식이 아니라 사람들이 한데 모여 조상을 기억하고자 했다는 사실이야. 복잡한 형식은 간절한 마음을 드러내기 위한 방법 중 하나인 거지."

나지혜가 이제야 조금 이해가 된다는 듯한 표정으로 말했다.

"그러니까, 형식보다 마음이 중요하다는 말씀이죠?"

"그래. 형식도 중요하지만, 자손들이 한마음이 되는 게 더욱 중요한 거니까. 성대한 제사상을 차려 놓고 자손들의 마음이 하나가 되지 못한다면 무슨 소용이겠니? 왕이 조상을 제대로 섬기는 모범을 보여서 온 국민이 하나 되기를 바랐던 것, 그것이야말로 종묘제례의 가장 깊은 뜻일 거야."

샘은 남자의 말에 고개를 끄덕였다. 충분히 이해가 되었다.

'마음이 하나가 되면 어려운 일도 헤쳐 나갈 수 있어. 명탐정과 나지혜 그리고 내 마음이 하나가 되었으니 이제 곧 부채의 비밀에 다가갈 수 있을 거야!'

샘은 가만히 할아버지의 부채를 펴 들었다. 샘의 마음을 알았는지 남자가 다가왔다.

"흐음, 아무래도 이 부채는 종묘제례하고 관련이 없는 것 같아. 어디 부채를 좀 줘 봐."

샘은 부채를 남자에게 건넸다.

"그럼 어쩌죠?"

남자는 부채를 요리조리 살펴보더니 손잡이에 달린 매듭을 꼼꼼히 보며 중얼거렸다.

"노랑, 파랑, 흰색, 빨강, 검정……. 하, 이거 오방색인데?"

나지혜가 바싹 남자 옆으로 다가가 수첩을 뒤적이며 말했다.

"오방색이라고요? 그거 내가 어디에 적어 놓은 것 같은데……. 어, 여기 있다! 처용무에 오방색이 나온대요."

명탐정과 샘의 눈이 커다래졌다.

"처용무?"

"오방색?"

나지혜가 대답했다.

"응, 맞아. 처용무에 오방색이 나와. 하지만 어디에 가야 처용무를 볼 수 있지?"

셋의 대화를 듣고 있던 남자가 활짝 웃으며 말했다.

"하하. 걱정 마. 며칠 있으면 창덕궁에서 처용무 공연이 있어. 그곳에 가면 단서를 찾을 수 있을지도 모르겠구나!"

단서를 찾을 수 있을 거라는 말에 샘의 얼굴이 밝아졌다.

3. 부채 속 연못을 찾아가다: 종묘제례와 종묘제례악

명탐정의 탐정 수첩

영산재
영혼을 극락으로 인도하는 불교 의식

영산재는 사십구재(사람이 죽은 지 49일 되는 날에 지내는 제사)의 한 형태로, 죽은 사람의 영혼을 달래 주는 불교 의식이다. 원래 영산재는 석가모니 부처가 인도 영취산(고대 인도 마갈타국의 왕사성 동북쪽에 있는 산)에서 제자들에게 강연하는 모습을 재현한 것이었는데, 그 뒤 죽은 자의 극락왕생을 비는 의식이 추가되었다.

영산재에서 불리는 노래인 '범패'가 『삼국유사』에 등장하는 것으로 보아 우리나라에는 신라 시대부터 있었던 것으로 보인다. 영산재는 부처의 공덕을 찬양하고, 살아 있는 사람에게는 복을 빌어 주고, 나라에 중요한 일이 있을 때는 사람들의 마음을 하나로 모으기 위해 행해졌다.

우리나라의 영산재는 1,000년 이상 이어지며, 단순한 불교 의식을 넘어 우리의 전통과 문화를 고스란히 담아내고 있다. 또한 음악과 무용 그리고 연극적인 요소까지 두루 갖추고 있어 종합 예술로서도 가치가 높다. 노래로는 부처님의 공덕을 찬양하는 내용의 '범패'와 불교를 널리 알리기 위해 지은 '화청'이 있고, 춤으로는 놋쇠로 만든 타악기인 바라를 가지고 여러 사람이 어울려 추는 '바라춤', 북을 두드리며 혼자서 추는 '법고춤', 고깔을 쓰고 양손에 종이꽃을 쥐고서 나비가 나는 양 추는 '나비춤' 등이 있다. 영산재는 무엇보다 누구에게 보여 주기 위한 공연으로서의 의식이 아니라 많은 사람들이 함께하는 엄숙하고 위엄 있는 불교 의식으로서 그 가치를 인정받고 있다.

바라춤

법고춤

나비춤

● 어떻게 진행될까?

1 석가모니 부처가 영취산에서 설법하는 모습을 표현한 그림 「영산회상도」를 내다 건다.

2 죽은 영혼을 모셔 오는 의식을 한다.

3 살아 있을 때 지은 죄를 씻어 내는 의식을 한다.

4 음악을 연주하고 바라춤, 법고춤, 나비춤 등 부처님의 공덕을 찬양하는 의식을 한다.

5 살아 있는 사람들의 구체적인 소원을 부처님에게 아뢴다.

6 영혼을 돌려보내는 의식을 한다.

4. 새로운 단서를 발견하다
처용무

"오우, 뷰티풀! 여기가 바로 임금님이 살았던 궁궐이란 말이지. 며칠 전에 갔던 종묘하고는 완전히 다른 느낌이네."

샘은 창덕궁에 들어서는 순간부터 감탄을 아끼지 않았다. 셋은 창덕궁 길을 따라 걸었다. 종묘가 검소하고 경건한 느낌이라면 창덕궁은 화려하고 아름다웠다. 나지혜가 말했다.

"그래, 오늘 여기서 처용무를 공연한대."

샘이 창덕궁을 둘러보며 물었다.

"처용무. 처용무가 무용 맞지?"

명탐정이 고개를 끄덕이며 대답했다.

"응, 처용무는 남자들이 처용 탈을 쓰고 추는 궁중 무용이야. 그래서 오늘 공연도 궁궐에서 하는 거고."

"그런데 처용이 누구야? 사람 이름 같긴 한데……."

샘이 말끝을 흐리며 명탐정을 쳐다보았다.

"처용은 동해 용왕의 아들이야."

명탐정의 말에 샘이 고개를 살래살래 흔들었다.

"동해 용왕의 아들? 그런데 왜 처용 탈을 쓰고 춤을 춰? 처용이 춤과 무슨 관련이 있는데?"

나지혜가 그럴 줄 알았다는 듯이 명탐정을 보고 눈을 흘겼다.

"야, 명탐정, 너는 말을 하려면 좀 알아듣게 해야지. 무턱대고 동해 용왕의 아들이라고 하면 어떡하냐?"

명탐정이 '그러는 넌?' 하는 표정으로 나지혜를 보았다. 나지혜가 샘의 어깨를 짚으며 말했다.

"처용에 관해서는 재미난 이야기가 전해 내려오고 있어. 그 이야기를 들으면 이해가 될 거야."

"이야기? 그거 재미있겠다. 나 이야기 좋아하는데 빨리 해 줘. 응?"

샘이 재촉하자 나지혜가 이야기를 시작했다.

"이건 『삼국유사』라는 책에 전해지는 이야기야. 옛날 신라 시대에 있었던 일이래.

어느 날, 헌강왕이 신하들과 함께 울산의 어느 바닷가로 나들이를 갔다가 궁궐로 돌아가기 전에 잠시 물가에서 쉬었어. 그런데 갑자기 검은 구름이 덮이고 안개가 자욱해지더니 사방이 캄캄해지는 거야. 날씨가 갑자기 험하게 변하자, 헌강왕과 신하들은 당황하여 그만 길을 잃고 말았지.

왕이 신하들에게 다급히 물었어.

"참으로 이상한 일이로다. 이게 도대체 무슨 일이란 말이냐?"

그러자 한 신하가 아뢰었어.

"이것은 동해 용왕이 벌인 일이니, 마땅히 좋은 일을 해 주어서 이를 풀어야 될 것입니다."

왕은 곰곰이 생각에 잠겼다가 곧 명령을 내렸어.

"여봐라! 동해의 용왕을 위하여 이곳에 큰 절을 짓도록 하라!"

왕의 명령이 떨어지자마자 구름과 안개가 싹 걷혔어. 이 일이 있은 뒤로 이곳은 구름이 걷힌다는 뜻의 '개운포(開雲浦)'가 되었대.

잠시 후 동해 용왕이 기뻐하며 일곱 명의 아들을 데리고 헌강왕 앞에 나타났어. 왕과 신하들은 깜짝 놀랐지. 동해 용왕은 헌강왕의 덕을 찬양하고 춤을 추며 멋진 음악을 연주했대. 그러고는 한 아들을 왕의 곁에 남겼는데, 그의 이름이 바로 처용이었다는 거야. 헌강왕은 처용에게 벼슬을 내리고 아름다운 여인을 아내로 삼게 해 주었대. 처용은 왕을 도와 나랏일을 잘하였고,

어때? 이제 처용이 동해 용왕의 아들이라는 말이 이해가 되지?"

"음, 그렇구나."

고개를 끄덕이던 샘이 잠시 뭔가를 생각하는 듯하더니 말했다.

"그래, 이제 처용이 동해 용왕의 아들이라는 건 알겠어. 그런데 왜 처용이 궁궐에서 춤을 춰?"

나지혜가 싱긋 웃으며 샘을 보았다.

"그러니까 이야기를 끝까지 들어야지, 샘."

"뭐? 그럼 아직 이야기가 안 끝났단 말이야?"

샘이 머리를 긁적이며 멋쩍어하는 모습을 보고 나지혜가 다시 이야기를 시작했다.

"응, 계속해서 들어 봐.

그런데 이 처용의 아내가 너무나 아름다워 문제가 생겼어. 역신*이 처용의 아내를 남몰래 사랑하게 된 거지. 어느 날 밤, 역신은 사람으로 변하여 처용의 집으로 가 처용의 아내와 함께했어. 처용은 이 사실을 전혀 모른 채 밤늦게 집으로 돌아왔어. 그런데 자기 아내가 다른 남자와 누워 있는 거야. 처용은 잠깐 동안 우두커니 섰다가 이내 노래를 부르면서 춤을 추었어.

서울 밝은 달에
밤 깊도록 노닐다가
들어가 잠자리를 보니
가랑이가 넷일러라.
둘은 내 아내의 것인데
둘은 누구의 것이뇨.
본디는 내 것이다마는
빼앗긴 것을 어찌할꼬.

★ **역신** 민간 풍속에서 전염병 또는 천연두를 퍼뜨린다고 믿는 신. 예로부터 전염병은 역신의 소행이라는 생각이 널리 퍼져 있었다.

이 노래를 들은 역신이 당황하여 어쩔 줄을 몰라 하며 본래의 모습을 드러냈어. 그리고 방에서 뛰쳐나와 처용 앞에 무릎을 꿇었어.

"제가 평소 당신의 아내를 사모하여 나쁜 짓을 저질렀습니다. 그런데 당신은 이 모습을 보고도 화를 내기는커녕 노래하고 춤을 추니 제가 크게 감동을 받았습니다. 큰 죄를 지은 저를 이렇게 용서해 주시니 당신은 참으로 아름다운 분이십니다. 맹세합니다. 앞으로는 당신의 얼굴을 그린 것만 봐도 그 문 안으로 들어가지 않겠습니다."

그 뒤로 신라에서는 집집마다 처용의 얼굴을 그려 문에 붙이는 풍속이 생겨나게 되었대. 사람들을 괴롭히고 해를 끼치는 역신이 처용의 얼굴을 보고 물러가라고 말이야.

그러니까 처용은 슬픔과 분노를 노래와 춤으로 승화시킨 인물이라고 할 수 있지."

"이야, 처용 참 멋진 사람인데."

샘이 두 눈을 반짝이며 말했다.

그때 명탐정이 다급하게 소리쳤다.

"벌써 공연이 시작되나 봐. 이야기는 좀 이따가 하고 빨리 가자."

셋은 걸음을 재촉했다.

울긋불긋한 옷을 입은 악사*들이 창덕궁 후원에 마련된 무대로 줄지어 나왔다. 음악을 연주하는 악사들은 마치 임금 앞에 선 신하들처럼 무대 양쪽에 마주 보고 앉았다. 명탐정과 나지혜와 샘은 무대가 잘 보이는 앞쪽으로 가 자리를 잡았다.

　잠시 후, 착 하는 소리가 나더니 뚜우우 하고 맑은 피리 소리와 함께 여러 가지 악기가 어우러진 음악이 흘러 나왔다. 처용 탈을 쓴 다섯 명의 무용수가 두 팔을 허리에 붙이고 무대 중앙으로 등장하였다. 나지혜가 무용수들이 입은 옷을 손가락으로 가리키며 말했다.

　"노랑, 파랑, 흰색, 빨강, 검정. 정말 다섯 가지 색이 맞아."

★ 악사 악기로 음악을 연주하는 사람.

샘이 얼른 부채를 꺼내 손잡이에 달린 매듭을 보았다. 나지혜와 명탐정도 눈을 크게 뜨고 매듭을 보았다.

"노랑, 파랑, 흰색, 빨강, 검정. 와, 진짜 매듭 색깔이랑 똑같네."

샘의 얼굴이 환해졌다. 나지혜가 다섯 명의 처용을 하나하나 짚어가며 말했다.

"노랑은 중앙, 파랑은 동쪽, 흰색은 서쪽, 빨강은 남쪽, 검정은 북쪽을 나타내. 그러니까 다섯 명의 처용은 중앙, 동, 서, 남, 북, 이렇게 각자 자기가 맡은 방위를 지키는 거야. 언제 침입할지 모르는 악귀를 감시하는 거지."

처용의 모습을 한 무용수들이 힘차게 춤추기 시작했다. 발을 높이 들어 옆으로 틀어 딛고, 뒷발을 끌어 붙이고, 무릎을 깊게 구부렸다 폈다. 허리에 손을 올리고 떡 하니 버티고 섰다가 서로 마주 보는가 하면 등을 맞대기도 하였다. 이런 동작을 다섯 명의 처용은 다 함께 여러 번 반복하였다.

명탐정이 혼잣말로 중얼거렸다.

"으음, 저게 바로 자기 방위를 지키는 모습이란 말이지?"

"응. 그런데 좀 이해가 안 되는 부분이 있어."

나지혜의 말에 샘과 명탐정이 동시에 물었다.

"어떤 부분?"

"아까 내가 한 이야기에서 말이야. 처용은 자기 아내가 다른 남자랑 누워 있는데, 어떻게 노래를 부르고 춤을 출 수 있었을까? 보통 사람이라면 화가 나서 그렇게는 절대 못 했을 텐데……."

"그래서 사람들이 처용을 신으로 받든 거야. 관용과 화해를 상징하는 신으로 말이야."

그러자 샘이 물었다.

"관용과 화해?"

"응. 관용은 남의 잘못을 너그럽게 용서하고 받아들이는 거야. 처용이 역신에게 한 것처럼, 화를 내거나 겁주지 않고 용서하는 거지."

나지혜가 덧붙여서 말했다.

"화해는 친구들끼리 싸웠을 때 서로 가졌던 안 좋은 마음을 푸는 것과 같은 거고."

샘이 알겠다는 듯이 고개를 끄덕이다 처용 탈을 가리키며 말했다.

"그래서였구나. 처용 탈이 무섭지 않고 웃고 있는 것처럼 보이는 게."

나지혜가 손사래를 치며 샘에게 물었다.

"아냐, 난 무서워 보여. 넌 안 무서워?"

샘은 무섭지 않다며 고개를 끄덕였고, 명탐정은 눈을 가늘게 뜨고서 처용 탈을 살폈다.

"우락부락한 게 무서워 보이기도 하고, 하얀 이가 살짝 보이는 게 웃는 것 같기도 하고……. 앗, 그런데 저건 또 뭐지? 처용 탈 머리에 꽃과 열매가 달렸어. 귀걸이도 했네?"

명탐정이 말했다.

"오우, 신기하다."

샘이 감탄을 했다. 나지혜가 수첩을 보며 말했다.

"저 꽃은 모란꽃이래. 옛날 우리 조상들은 모란꽃을 아주 좋아해서

혼인을 하거나 축하할 일이 있을 때 모란꽃 병풍을 만들어 사용했대."

"왜 모란꽃이었을까?"

샘이 손으로 이마를 짚으며 알 수 없다는 표정을 지었다.

"딱 봐도 꽃이 풍성하고 탐스럽잖아. 그래서 모란꽃을 부귀영화★의 상징으로 여겼던 거야."

나지혜의 말에 샘이 다시 물었다.

"그럼 저 열매는 뭐야?"

"복숭아야. 옛날 사람들은 복숭아가 귀신이나 전염병 같은 것들을 물

★ 부귀영화 재산이 많고 지위가 높으며 귀하게 되어서 온갖 영광을 누리는 것.

리친다고 믿었거든. 또 복숭아를 '천도'라고 부르기도 하는데, 천도는 하늘나라에만 있는 과일이야. 그러니까 복숭아는 나쁜 귀신이나 질병이 없는 행복한 세상을 뜻하는 거지."

셋이 이야기를 나누는 동안, 다섯 명의 처용은 허리를 깊이 숙여 절을 한 번 하더니 무엇을 뿌리는 것처럼 양팔을 올렸다가 내렸다. 팔에 낀 길고 하얀 소매가 위아래로 펄럭거렸다.

"저 소매에도 무언가 의미가 있을 것 같은데……."

샘이 나지혜를 보면서 말끝을 흐리자, 나지혜가 물었다.

"샘, 너는 하얀색 하면 어떤 느낌이 드니?"

"밝고 환한 느낌."

"바로 그거야. 저 길고 흰 소매는 하늘에서 내리는 환한 빛을 뜻한대."

샘은 가만히 다섯 명의 처용을 지켜보았다. 그들은 하늘을 향해 긴 소매를 떨치는 듯한 동작을 반복했다. 명탐정이 끼어들었다.

"아, 그러니까 네 말은 긴 소매를 떨치는 저 동작이 하늘에서 빛을 뿌리는 걸 상징한다, 그 말이지? 하얀 빛으로 귀신이나 전염병을 물리친다는 뜻으로 말이야."

샘이 고개를 끄덕이며 말했다.

"오케이, 귀신은 밝은 빛을 무서워한다. 그러므로 도망간다."

처용무는 무대에서 계속되고 있었다. 다섯 명의 처용은 서로 마주 보고 절을 하고 등을 대고 돌아서기도 했다. 긴 소매를 앞으로 뻗었다가 옆으로 걸치는 시늉도 하였다.

샘이 고개를 갸웃하며 말했다.

"그렇지만 아직도 난 처용의 이야기가 왜 춤이 되었는지 모르겠어."

나지혜가 부지런히 수첩을 넘기더니 말했다.

"관용과 화해의 마음으로 역신을 물리친 처용의 신통한 능력을 믿었기 때문이야. 그래서 처용무는 주로 궁궐 잔치나 행사 때 공연되었대. 질병과 악귀를 물리치는 방패막이로 처용무를 추면서 나라의 안녕과 평화를 기원한 거지."

공연의 막바지였다. 처용 탈을 쓴 무용수들은 두 팔을 양쪽 어깨 높이로 들었다가 흰 소매를 멀리 떨치는 동작을 하면서 한 사람씩 퇴장했다.

"오우, 굿!"

샘이 감탄사를 연발했다.

"진짜 새로운 느낌이야. 느리고 단순한 동작인데도 힘 있게 느껴져."

마침내 공연이 끝나고 다섯 명의 처용이 무대를 떠났다. 그러자 명탐정과 나지혜와 샘이 얼른 그 뒤를 따랐다.

"처용 아저씨, 잠깐만요!"

그런데 다섯 처용은 샘의 목소리를 듣지 못했는지 성큼성큼 걸어갔다.

"아저씨가 아닌가?"

명탐정이 중얼거리자 샘이 더 큰 소리로 불렀다.

"처용 할아버지, 잠깐만요!"

셋은 잰걸음으로 뒤쫓아 갔지만 그들을 그만 놓쳐 버렸다.

그날 저녁, 셋은 명탐정사무소로 돌아와 책상 위에 부채를 놓고 빙 둘러앉았다. 나지혜가 먼저 말을 꺼냈다.

"아무리 생각해도 부채의 매듭과 다섯 처용의 옷 색이 같다는 것만 가지고 그 둘이 관련 있다고 말하기는 어려울 것 같아. 왜냐하면 오방색은 옛날부터 우리나라 사람들이 즐겨 쓰던 기본색이거든. 색동저고리만 봐도 그렇잖아. 대부분이 오방색이야."

샘이 맞장구를 쳤다.

"맞아, 우리 집에 있는 복주머니 색도 오방색이야."

그러자 나지혜가 목소리를 높였다.

"부채에 있는 그림이나 매듭도 중요하지만, 부채 자체에 대해서 좀 더 알아봐야 하지 않을까?"

"그래, 맞아. 부채부터 살펴봐야 할 것 같아."

명탐정이 돋보기를 꺼내 들어 부채를 살피기 시작했다. 나지혜는 곧바로 컴퓨터 앞에 앉아 부채 관련 정보를 검색했다. 샘은 나지혜 옆으로 가서 함께 컴퓨터 화면을 지켜보았다. 명탐정이 부채에 돋보기를 들이댔다 뗐다 하며 고개를 갸웃거렸다.

"어, 이것 좀 봐."

나지혜가 검색한 내용을 읽다가 소리쳤다.

"우리나라는 예로부터 더위가 시작되는 단옷날 부채를 선물로 주고받는 풍습이 있었다……. 맞다, 강릉단오제!"

나지혜는 얼른 강릉단오제를 검색했다. 샘은 여전히 컴퓨터 화면에서 눈을 떼지 않았고, 명탐정은 돋보기로 부채를 꼼꼼하게 살피며 수첩에 무언가를 적어 넣었다.

"이제 우리가 갈 곳은 강릉, 강릉단오제야. 강릉단오제는 나한테 맡겨. 우리 삼촌이 강릉에 살거든."

나지혜의 말에 샘이 활짝 웃었다.

"강릉단오제? 강릉에서 하는 단오제란 말이지? 벌써부터 기대가 되는걸?"

명탐정의 탐정 수첩

대목장
나무로 집을 짓는 최고의 전문가

옛날부터 우리나라는 나무를 이용한 목조 건축이 발달했다. 궁궐이나 절같이 규모가 큰 목조 건축물을 지을 때는 많은 목수들이 그 일에 참여하였는데, 이들 가운데 우두머리가 바로 대목장이다. 대목장은 건축과 관련된 모든 기술과 기법을 완벽하게 알고, 많은 사람들을 지휘하고 통솔할 수 있는 능력을 갖추어야 한다. 그렇기 때문에 수십 년에 걸쳐 현장에서 일하고 스승의 가르침을 받은 뒤에야 대목장이 될 수 있었으며, 다음 세대의 대목장도 같은 방식으로 기법을 전수받았다.

대목장은 우리나라 전통 건축의 멋과 아름다움을 만들어 낸 사람들이다. 자연과 조화를 생각하며 건물 터를 잡고 잘 자란 나무를 재료로 1,000년을 버틸 수 있는 튼튼하고 아름다운 집을 지었다. 이미 세계문화유산으로 등록된 창덕궁과 불국사 등 우리나라를 대표하는 전통 건축물도 대목장의 지휘 아래 지어졌다.

● **한옥의 요모조모**

지붕 기와를 얹는다.

용마루 지붕 가운데 부분에 있는 가장 높은 수평 마루.

마루 집채 안에 바닥과 사이를 띄우고 널빤지를 깔아 놓은 곳. 한옥은 마루 밑으로 공기가 통하고 천장이 높아서 여름에 시원하다.

추녀 처마의 네 귀퉁이에 있는 큰 서까래. 네모지고 끝이 날렵하게 들렸다.

주춧돌 기둥 밑에 받쳐 놓은 돌. 기둥이 썩지 않게 한다.

처마 지붕이 기둥 밖으로 내민 부분으로, 모자의 챙처럼 비나 눈, 햇볕, 습기, 벌레 등을 막아 준다.

● **어떻게 지을까?**

1 **집터 고르기** 산과 물의 위치, 집의 방향 등을 보며 집을 지을 좋은 자리를 고른다.

2 **터 닦기** 집터를 평평하게 고르고, 땅의 표면보다 한 층 높게 단을 쌓는다.

3 **기둥 세우기** 기둥 자리를 튼튼히 다져서 주춧돌을 놓고 기둥을 세운다.

4 **뼈대 세우기** 기둥을 서로 연결하고 그 위에 지붕의 뼈대를 만든다.

5 **지붕 얹기** 지붕의 뼈대 위에 촘촘하게 나무를 얹고 흙이 빠져나가지 않게 얇은 나무판을 깔고, 그 위에 흙을 덮고 기와를 얹는다.

6 **벽과 바닥 만들기** 벽을 만들고, 우리나라 전통 난방 장치인 온돌을 놓고 바닥을 만든다.

5. 명탐정, 약속을 어기다
● 강릉단오제

"와! 지혜야, 저것 좀 봐. 사람이 정말 많아!"

오늘은 6월 4일, 강릉단오제의 영신 행차가 있는 날이다. 끝없이 이어지는 사람들의 물결에 샘은 입을 다물지 못했다. 알록달록한 옷을 입은 사람들이 도로를 가득 메우고 있었다. 샘은 카메라 셔터를 연신 눌러 댔다. 나지혜도 놀라기는 마찬가지였다. 나지혜가 강릉 문화 지킴이인 삼촌에게 말했다.

"강릉 사람들이 여기로 다 모인 것 같아요! 정말 많네요!"

삼촌이 웃으며 말했다.

"강릉단오제는 1년에 한 번 강릉 시민 모두가 함께하는 축제니까 사람이 많은 게 당연하지."

농악대의 흥겨운 꽹과리 소리가 들려왔다. 앞서가는 농악대 뒤로는 가면을 쓴 사람들이 장단에 맞추어 덩실덩실 춤을 추고 있었다. 그 뒤로 한복을 입은 사람들이 손에 손에 등 하나씩을 들고 걸었다. 호기심

가득한 표정의 외국인들도 간간이 눈에 띄었다.

행차 맨 앞에는 위패*를 든 사람이 있고, 한복을 입은 사람 여럿이 그 뒤를 따랐다. 그중 한 아저씨가 색색의 천이 감긴 커다란 나무를 들고 걸었다. 그리고 그 주변의 아저씨들은 나무에 매여 있는 천의 끝자락을 잡고 함께 걸었다. 삼촌이 커다란 나무를 가리키며 말했다.

"저 나무가 신목**이란다. 강원도 대관령의 신이 깃든 나무지."

나지혜가 신이 난 목소리로 외쳤다.

"와, 신기해요. 우리도 어서 따라가요."

샘도 흥미로운 눈초리로 요리조리 나무를 살피며 행차를 따랐다.

★ **위패** 죽은 사람의 이름과 죽은 날짜를 적은 나무패. 죽은 사람의 영혼을 대신하는 것으로 여긴다.
★★ **신목** 마을에서 신성시하며 받드는 나무.

어느새 행차는 남대천*에 다다랐다. 남대천에는 꽃으로 장식된 커다란 제단**이 마련되어 있었고 신목은 그 제단 한가운데로 조심스럽게 옮겨졌다. 행차를 따라온 사람들은 들고 온 등에 소원을 담아 강물 위에 띄워 보냈다. 멀리서 바라보니 마치 밤하늘에 별이 가득 빛나는 것 같았다. 그 모습에 샘이 감탄하며 말했다.

"와! 등불이 떠내려가는 모습이 정말 멋져요."

"명탐정은 이렇게 멋진 장면도 못 보네. 쌤통이다! 만나기로 약속한 날 갑자기 전화해서 못 오겠다는 게 어디 있어? 정말 무책임해!"

나지혜가 고소하다는 듯 불퉁하게 말했다.

나지혜가 화를 내자 샘이 괜스레 무안해져 명탐정의 편을 들었다.

"무슨 사정이 있겠지. 명탐정이 이유 없이 약속을 어기지는 않을 텐데……. 분명 뭔가 중요한 이유가 있어서 못 온 걸 거야. 이번 강릉단오제는 이렇게 끝나지만 너는 내년에 명탐정이랑 다시 오면 되잖아."

삼촌이 샘의 말을 듣고 있다가 고개를 갸우뚱하며 물었다.

"끝난다고? 내년에 다시 온다고?"

"네. 이걸로 단오제가 끝나는 게 아닌가요? 행차도 하고 등불도 강물에 떠내려 보냈잖아요."

"하하하. 끝이라니. 아직 시작도 안 했는걸."

삼촌의 말에 이번에는 샘이 놀라 물었다.

★ **남대천** 강원도 태백산맥에서 시작하여 강릉시를 거쳐 동해로 흘러가는 하천으로, 매년 강릉단오제 행사가 이 하천 주변에서 열린다.
★★ **제단** 신에게 기도하거나 제물을 바치기 위해 마련한 단.

"시작도 안 했다고요?"

"그래. 내일부터 제사와 굿 같은 진짜 단오제가 시작돼. 사실 한 달 전부터 이미 단오제는 시작되었지. 단오제의 첫 번째 행사가 단오제 동안 쓸 술을 빚는 건데, 그건 음력 4월 5일에 하거든."

"우아, 그럼 한 달 동안 축제를 하는 거예요?"

샘이 다시 물었다. 그러자 삼촌이 웃으며 대답했다.

"그렇지. 앞으로 구경할 게 많으니까 오늘은 일찍 들어가 쉬자꾸나."

단옷날 아침, 태양은 높이 떠올라 기운차게 내리쬐고 있었다. 샘은 하늘을 올려다보더니 오른쪽 팔뚝에 알통을 만들어 보이며 말했다.

"오우, 단옷날에 해의 기운이 가장 세다더니 정말 그런가 봐요! 저도 기운이 넘치는 걸요?"

나지혜의 조사 수첩 　단오

단오는 설, 한식, 추석과 함께 우리나라의 4대 명절 중 하나이다. 예부터 우리 조상들은 3월 3일, 5월 5일, 7월 7일, 9월 9일처럼 같은 홀수가 월과 일에 겹치는 날을 좋은 기운이 많은 날로 여겼다. 그중에서도 음력 5월 5일 단오는 해의 기운이 가장 센 날로 여겨 으뜸으로 쳤다. 단오는 '수릿날'이라고도 하는데, 수리란 '높다, 고귀하다'는 뜻을 가진 옛말이다.

「단오풍정」(신윤복, 간송미술관 소장)

나지혜가 그때 뭔가 퍼뜩 생각났다는 듯 샘과 삼촌에게 말했다.

"샘, 얼른 삼촌한테 부채 좀 보여 드려. 삼촌, 단오 때 부채를 선물했다면서요? 그럼 혹시 샘이 가져온 부채랑 강릉단오제가 무슨 관련이 있지는 않을까요?"

샘은 메고 온 가방에서 부채를 꺼내 삼촌에게 내밀었다. 부채를 찬찬히 살피던 삼촌은 머리를 긁적이더니 부채를 샘에게 돌려주었다.

"옛날에는 단오가 가까워 오면 친지나 웃어른에게 부채를 선물하는 풍습이 있었어. 날이 덥고 비가 많이 오기 시작하는 단오에는 나쁜 병들이 많이 생겼대. 시원하게 부채를 부쳐 더위를 날려 보내는 것처럼 나쁜 병이나 재앙도 그렇게 쫓아 보낼 수 있다고 생각한 거지. 그러니까 부채랑 단오가 관련이 있는 건 분명한데……. 강릉단오제랑 이 부채가 어떤 연관이 있는지는 나도 잘 모르겠구나."

삼촌의 말에 샘은 시무룩해졌다. 잠시 후, 나지혜가 분위기를 바꾸려는 듯 삼촌에게 물었다.

"그런데 삼촌, 왜 강릉에서만 단오제를 유난히 크게 하는 거죠? 다른 지역은 이렇게 크게는 안 하는 것 같은데……."

"그건 강릉의 지역 특성 때문이지. 너희 생각에 강릉은 다른 지역과 어떻게 다를 것 같니?"

강릉에 대해 아는 게 없는 샘은 눈만 껌벅거렸다. 나지혜는 가만 생각하다가 손으로 이마를 한 번 탁 치면서 입을 열었다.

"강릉은 바다와 가까워요. 그리고 주위에 산도 있어요."

"그렇지. 동쪽에는 바다, 서쪽에는 높은 산이 있는 강릉은 옛날부터

자연재해를 많이 입었어. 봄에는 바람 때문에 산불이 잦았고, 여름에는 비가, 겨울에는 눈이 많이 내렸지.『조선왕조실록』을 보면 강릉에 큰 재해가 50여 차례나 있었다는 기록이 남아 있어."

샘은 참을 수 없다는 듯 인상을 잔뜩 찌푸렸다.

"휴, 상상만 해도 끔찍해요!"

삼촌이 그런 샘을 보며 말을 이었다.

"옛날에는 대부분의 사람들이 농사를 지으며 살았잖아. 그러니까 옛

나지혜의 조사 수첩 　강릉단오제의 신,
대관령국사성황신이 된 범일 국사는 누구?

강릉단오제에서 모시는 신은 대관령산신, 대관령국사성황신, 대관령국사여성황신이다. 이 중 가장 중요한 신으로 모시는 대관령국사성황신에 대해 다음과 같은 이야기가 전한다.
신라 헌덕왕 때 이야기다. 강릉 학산에 사는 한 양갓집 처녀가 물을 길으러 우물가로 갔다. 그러고는 바가지로 물을 뜨니 그 안에 해가 떠 있었다. 처녀는 그 물을 마셨는데, 얼마 뒤 배가 불러 오더니 사내아이를 낳았다. 처녀의 집에서는 아비 없는 자식이라며 이 사내아이를 뒷산의 학 바위 밑에다 몰래 버렸는데, 며칠 뒤에 가 보니 학이 사내아이를 감싸 주고 있었다. 처녀의 집에서는 이를 신기하게 여겨 사내아이를

범일 국사(810~889)

데려와 키웠다. 아이는 커서 자신이 아버지가 없는 자식이라는 것을 알게 되고 큰 인물이 되겠다며 열다섯 살에 집을 떠났다. 아이는 승려가 되어 불교의 한 종파인 선종을 계승하였고 고향에 돌아와 높은 학식과 덕으로써 부처님의 가르침을 전하고 강릉을 비롯한 영동 지역에 절도 세웠다. 바로 이 사람이 범일 국사이다. 강릉 사람들은 이 범일 국사가 죽어 대관령국사성황신이 되었다고 믿고 강릉단오제의 주신(主神)으로 모신다.

날 사람들한테 자연재해는 지금 우리가 상상하는 것보다 훨씬 더 끔찍한 일이었을 거야. 당연히 마음을 의지할 곳이 필요했겠지. 강원 지역 사람들은 대관령에 신이 있다고 믿고 그 신을 우러러보기 시작했단다. 그리고 1년에 한 번 대관령에 계신 신을 바로 이곳 남대천으로 모셔 와 풍년을 비는 거지. 다 같이 즐기며 축제도 하고 말이야. 그런 강릉단오제의 전통이 1,000년이 넘게 이어져 내려온 거란다."

샘이 엄지손가락을 추켜올리며 말했다.

"와, 1,000년이라고요? 정말 대단해요!"

나지혜와 샘 그리고 삼촌은 제단에 도착했다. 색색의 아름다운 종이꽃으로 장식한 제단 앞에 제관들이 엄숙하게 서 있었다. 그중 한 사람이 향을 피우고 술을 따라 올렸다.

"음력 5월 4일부터 7일까지 단오제 기간 동안 매일 아침에 지내는 제사를 '조전제'라고 한다. 삼촌, 지금 하는 게 조전제 맞지요?"

나지혜가 수첩을 보며 삼촌에게 묻자, 삼촌이 대답했다.

"그래, 잘 조사해 왔구나. 지금 지내는 제사를 조전제라고 해. 조전제는 유교식으로 드리는 제사야. 정해진 순서에 따라 엄숙하게

5. 명탐정, 약속을 어기다: 강릉단오제

진행하지. 좋은 일이 많이 생기고 풍년이 들게 해 달라고 말이야."

잠시 후, 조전제가 끝났나 싶어 발걸음을 옮기려는데 제단이 다시 분주해졌다.

"어? 이제 또 뭔가를 하려나 봐요. 시끌시끌한데요."

나지혜가 호기심 가득한 얼굴로 말하자 삼촌이 답했다.

"이제 굿을 하려나 보다. 오늘은 단옷날이니 볼 만한 굿이 많겠는걸."

남자 악사들이 북과 꽹과리 등을 들고 나와 자리를 잡았다. 곧 한복을 곱게 차려입은 무녀★가 나와 신목을 향해 절을 했다. 잠시 후, 무녀의 노래와 춤이 시작되었다. 악사들의 연주 소리도 높아졌다. 무녀는 눈을 감고 양팔을 한껏 벌리고 어깨춤을 덩실덩실 추면서 노래를 이어 갔다. 삼촌이 굿을 지켜보는 나지혜와 샘에게 말했다.

"강릉단오제 때는 다양한 굿을 하루 종일 한단다. 모두 정성스레 복을 비는 거지."

굿을 구경하고 난 뒤 삼촌은 급한 볼일이 있다며 샘과 나지혜에게 단오제 행사가 진행되고 있는 단오장★★ 여기저기를 구경하고 있으라고 했다. 샘과 나지혜는 신이 나서 단오장을 구석구석 둘러보았다. 한쪽에서는 높다란 나무에 매어 놓은 그네로 그네뛰기가 한창이었고, 맞은편에서는 씨름판이 한바탕 벌어지고 있었다. 단옷날 대표 음식인 수리취떡★★★을 먹을 수 있는 곳도 있었다.

★ **무녀** 신을 섬겨 점을 치고 굿을 하는 일에 종사하는 사람.
★★ **단오장** 단오 대목에 서는 장터. 지금은 강릉단오제가 열리는 남대천 일대를 단오장이라고 부른다.
★★★ **수리취떡** 국화과의 여러해살이풀인 수리취의 잎을 넣어 만든 시루떡.

단오장 한쪽에서는 창포물에 머리를 감겨 주는 행사를 하고 있었다. 샘과 나지혜는 행사를 하는 체험장으로 갔다. 나지혜는 창포★를 삶은 물에 머리카락을 담갔다. 체험을 도와주는 아주머니가 나지혜에게 말했다.

"향이 좋지? 옛날 사람들은 창포물에 머리를 감으면 잡귀를 쫓을 수 있다고 믿었어. 또 머리카락이 허옇게 세지 않고 윤기도 흐르게 되지."

샘이 옆에 서서 창포물에 머리를 감는 나지혜를 구경하고 있는데, 체험장 안 스피커를 통해 안내 방송이 들려왔다.

"부채 체험 행사를 하실 분은 5번 체험장, 5번 체험장으로 오세요!"

부채라는 말에 귀가 번쩍 뜨인 샘은 5번 체험장으로 달려갔다. 이미 많은 사람들이 자리에 앉아 빈 부채에 자기만의 그림을 그려 넣고 있었다. 샘도 빈자리 하나를 발견하고 앉았는데, 옆자리에는 연세가 많아 보이는 할머니 한 분이 부채에 그림을 그리고 있었다. 누군가 다가와 샘에게 아무 그림도 없는 빈 부채를 하나 건네주고 갔다. 빈 부채를 보니 샘도 부채에 무언가 그려 넣고 싶어졌다. 샘은 가방에서 할아버지의 부채를 조심스레 꺼냈다. 그리고 빈 부채에 할아버지 부채의 그림을 똑같이 따라 그리기 시작했다. 연못을 그리고 그 연못 한가운데에 나무를 그렸다. 나무 위에는 커다란 보름달을 그려 넣었다. 그때였다. 옆에 앉아 있던 할머니가 샘이 그린 부채를 보며 말했다.

"흐음, 보름달이 아주 예쁘구나."

★ 창포 도랑이나 연못에서 자라는 풀로, 뿌리에서 좋은 향기가 난다.

샘은 할머니가 말을 걸어 준 것이 반가웠다. 그래서 할머니 쪽으로 바싹 다가가 할아버지의 부채를 보여 주며 물었다.

"할머니, 이거 우리 할아버지 부채인데요, 제가 이 부채의 비밀을 알아내야 하거든요. 혹시 강릉단오제랑 이 부채가 무슨 관련이 있을까요?"

할머니는 샘이 내민 부채를 찬찬히 들여다보더니 입을 열었다. 샘은 침을 꼴깍 삼켰다.

"흐음, 이 보름달을 보니 옛날 생각이 나는구나."

할머니는 귀가 어두운지 샘의 말을 잘 못 알아들은 것 같았다. 샘이 입을 열어 말하려는 찰나에 할머니가 먼저 말했다.

"옛날에 이렇게 보름달이 밝은 밤이면 언덕에 올라 강강술래를 하곤 했지……."

샘은 할머니의 말에 깜짝 놀랐다.

'강강술래? 보름달과 강강술래가 연관이 있다니! 그렇다면 할아버지 부채는 강릉단오제가 아니라 강강술래와 관련이 있을지도 몰라!'

때마침 체험장 입구에서 나지혜가 샘을 불렀다.

"할머니! 고맙습니다!"

샘은 벌떡 일어나 할머니에게 인사하고 부채를 챙겨 체험장 밖으로 나갔다.

나지혜가 체험장 맞은편으로 샘을 이끌었다. 맞은편 마당에서 무언가 진행되고 있었다. 신나는 북소리, 덩더쿵 장구 소리, 삐리리 태평소 소리에 절로 흥이 났다. 나지혜와 샘보다 먼저 와서 구경하고 있는 삼촌의 모습도 보였다. 샘은 삼촌 곁으로 가서 마당을 보고는 웃음을 터 뜨렸다.

"으하하, 저게 뭐예요. 꼭 배불뚝이 같아요!"

마당에는 누더기 옷을 뒤집어쓴 사람들이 춤을 추고 있었다. 그 사람들은 훌라후프 같은 것으로 옷 한가운데를 불룩해 보이게 만들어서 매우 우스꽝스러웠다. 삼촌이 샘에게 말했다.

"지금 하는 게 바로 '관노가면극'이란다. 강릉단오제에서 빼놓을 수 없는 중요한 공연이지. 지금 막 시작한 모양이로구나."

잠시 후 배불뚝이 같은 두 명이 들어가고, 곧이어 수염을 기다랗게 늘어뜨린 양반과 붉은 치마에 노란 저고리를 입은 각시가 무대로 나왔다. 양반이 덩실덩실 춤을 추며 각시에게 다가가는데, 각시는 팩 하니 고개를 돌려 양반을 피했다. 그럴 때마다 구경하는 사람들은 까르르 웃음을 터뜨렸다. 양반이 체면도 버리고 각시에게 여러 번 다가가 춤을 추자, 그제야 각시도 함께 춤을 추었다.

그런데 아무리 지켜봐도 가면극에 나오는 사람들은 대사를 한 마디도 하지 않았다. 나지혜는 궁금한 표정으로 삼촌에게 물었다.

"삼촌, 관노가 뭐예요? 왜 연극을 하는데 아무 말도 안 해요?"

"관노란 관가에 속한 노비를 말해. 그러니까 관노가면극은 예전에 강릉 관청에서 일하던 노비들이 가면을 쓰고 하던 연극이지. 또 관노가면극이 중요한 건 대사 없이 춤과 동작으로만 내용을 전달하는 우리나라 유일의 무언 가면극이라는 점이야."

삼촌의 말에 샘이 재미있다는 듯 말했다.

"신기해요. 대사가 없는데도 내용을 다 알겠어요. 지금 저 양반이랑 각시랑 서로 좋아하는 거 맞지요?"

잠시 후, 험상궂은 가면을 쓴 사람 둘이 등장해서 양반과 각시 사이를 훼방했다. 그래서 양반이 각시를 의심하자, 각시는 양반의 긴 수염에 목을 매어 죽는 시늉을 하고, 놀란 양반은 신에게 각시가 살아나기를 빌었다. 마침내 죽은 척 하던 각시가 살아나자, 모든 등장인물이 나와 다 함께 덩실덩실 춤을 추었다. 샘은 음악에 맞추어 저도 모르게 다리를 까닥거렸다. 배불뚝이 옷을 입은 사람이 그 모습을 보았던 것인지 샘에게 다가와 손을 잡아끌었다. 샘은 얼떨결에 따라 나가며 나지혜의 손을 잡아끌었다. 마당에는 이미 많은 관객들이 나와 너나없이 덩실덩실 춤을 추고 있었다. 샘과 나지혜도 사람들과 함께 신나게 몸을 움직였다.

관노가면극이 끝나고 집으로 돌아가는 길에 나지혜가 삼촌에게 말했다.

"그런데 삼촌, 강릉단오제는 참 신기해요. 아침마다 유교식으로 제사를 지내는가 하면 굿을 하고, 또 가면극도 하잖아요."

삼촌이 나지혜를 바라보며 흡족한 미소를 지었다.

"허허, 우리 지혜가 강릉단오제의 가장 중요한 특징을 잘 파악했구나!"

삼촌은 갑자기 자리에 우뚝 멈추어 서서 나지혜와 샘에게 말했다.

"자, 옛날로 돌아갔다고 상상해 보렴. 1년에 한 번 이 지역에 사는 수많은 사람들이 풍년과 복을 빌며 큰 축제를 같이해. 그중에는 양반도 있고, 노비도 있지. 농부도 있고, 어부도 있어. 사람들은 각자 신을 믿고 복을 비는 자기만의 방식이 있을 거야. 그 다양한 방식을 인정하고 함께 어울리는 것이 강릉단오제의 특징이란다."

"다 인정한다고요?"

"그래. 그래서 지배층의 종교였다고 할 수 있는 유교와 서민층의 민간 신앙인 굿이 한자리에서 어울릴 수 있는 거야. 평소에는 서로 다른 신분이나 종교 때문에 갈등을 겪을 수도 있지. 하지만 단오제에서만큼은 신과 인간, 양반과 노비, 남자와 여자 간의 갈등을 넘어 화해를 추구하는 거야. 이렇게 다양한 종교와 문화가 하나로 어우러진 종합적인 축제가 1,000년이 넘게 계속되어 온 거야."

"삼촌 말을 듣고 보니 강릉단오제는 정말 대단한 축제네요. 그런데 삼촌, 그럼 이제 단오제는 다 끝난 거예요?"

나지혜가 아쉽다는 듯 물었다.

"신을 이곳 남대천에 모셔 와 즐겁게 놀았으니 이제 대관령으로 보내 드리는 절차만 남았지. 모레 신을 보내 드리는 제사를 지내는데, 단오제를 하는 동안 제단을 장식했던 물건들을 모두 태우는 거야. 그러면 신은 대관령으로 가고, 우리는 다시 일상생활로 돌아가는 거지."

삼촌의 말을 들은 나지혜는 고개를 끄덕이며 걱정스러운 목소리로 말했다.

"그나저나 이번에도 부채의 비밀을 찾지 못했네."

샘이 눈을 반짝 빛내며 대답했다.

"아니야. 아까 부채 체험장에서 힌트를 얻었어. 내 옆자리에 앉으신 할머니가 할아버지 부채 속의 보름달을 보면서 강강술래를 하던 기억이 난다고 하셨거든."

"아, 맞아. 강강술래도 인류무형유산이지! 그럼 다음번엔 강강술래를 조사하러 가면 되겠다."

"응. 아직 부채의 비밀을 풀지는 못했지만, 멋진 축제를 구경하고 힌트도 얻었으니 그게 어디야. 할아버지가 아신다면 기뻐하실 거야."

샘과 나지혜의 얼굴에 기분 좋은 미소가 번졌다. 그 모습을 보고 있는 삼촌도 흐뭇한 표정이었다.

명탐정의 탐정 수첩

제주칠머리당영등굿
바람의 여신에게 지내는 굿

제주칠머리당영등굿은 제주도 제주시 건입동에 있는 마을의 신을 모신 신당 '칠머리당'에서 하는 굿이다. 건입동 주민뿐만 아니라 제주도에 사는 어부와 해녀 들이 참여해 한 해 동안 해산물을 많이 거두고 바다가 평온하게 해 달라고 영등신에게 제사를 지내는데, 음력 2월 1일부터 시작해 15일까지 보름 동안 치러진다.

제주도는 예나 지금이나 아름다운 자연환경을 가진 섬이지만 사면이 바다로 둘러싸여 비바람의 영향을 강하게 받는 곳이기도 하다. 비바람이 불면 어부들은 고기를 잡으러 나갈 수 없고, 해녀들은 해산물을 채취할 수 없다. 생활에 절대적인 영향을 끼치는 것이다. 옛날부터 제주 사람들은 바람의 신인 '영등신'이 겨울에서 봄으로 계절이 바뀌는 때에 비바람을 몰고 찾아온다고 믿었다. 비가 오면 영등신이 비옷을 입고 온 것이고, 날씨가 따뜻하면 영등신이 옷을 허술하게 입은 것이라고 생각했다. 또한 날이 좋으면 영등신이 딸을 데리고 온 것이고, 춥거나 궂으면 며느리를 데리고 온 것이라 생각하기도 했다. 이렇게 영등신이 날씨와 관련이 깊다고 생각했기 때문에 잘 맞이해서 대접하고 돌려보내는 영등굿을 하는 것이다.

제주칠머리당영등굿은 제주도에 남아 있는 여러 영등굿 가운데 가장 대표적인 굿이다. 제주도 고유의 굿이자 바다를 터전으로 살아가는 어부와 해녀 들의 염원이 담겨 있다. 거센 비바람을 원망하는 것이 아니라 신으로 모시는 제주도만의 문화를 엿볼 수 있으며, 세계에서 유일한 해녀 굿이라는 점에서 그 가치를 인정받고 있다.

마을의 안정과 풍요를 기원하며 차린 제사상

● 어떻게 진행될까?

1 **초감제** 모든 신을 불러 굿에 참가한 사람들의 행운을 빈다.

2 **본향듦** 마을을 지키는 수호신을 불러 마을의 안녕과 평안을 빈다.

3 **추물공연** 모든 신들에게 술을 권하고 즐겁게 논다.

4 **요왕맞이** 바다를 다스리는 용왕신과 바람을 다스리는 영등신을 맞이하여 어부와 해녀 들의 안전을 빈다.

5 **씨드림** 좁씨(조의 씨앗)로 점을 치고, 그 좁씨를 바다에 나가 뿌리는데 이것은 해산물의 풍작을 기원하는 의식이다.

6 **도액막음** 마을에 나쁜 일이 생기지 않게 해 달라고 빈다.

7 **영감놀이** 영감신들이 한바탕 놀고, 음식을 실은 짚배를 들고 가 멀리 바다로 띄워 보낸다.

8 **도진** 처음에 불러들인 모든 신들을 돌려보낸다.

6. 보름달 아래 손을 잡다
강강술래

　명탐정과 나지혜와 샘이 언덕을 오르자 '강강술래 터'라고 적힌 표지판이 나타났다. 그 앞에 서니 멀리 진도와 해남을 잇는 큰 다리가 보이고, 그 밑으로 거센 물살이 바다로 흘러가는 게 보였다. 멋진 풍경이었다. 산 중턱에 자리 잡은 강강술래 터는 거센 바다의 물결을 내려다보고 있는 것 같았다.

　"강강술래 터라……. 흐음, 여기가 옛날에 강강술래를 하던 곳이구나. 뭔가 역사의 냄새가 솔솔 풍기는데?"

　명탐정이 강강술래 터라고 적힌 표지판에 돋보기를 갖다 대며 너스레를 떨었다.

　"너, 그렇게 얼렁뚱땅 넘어갈 생각 마. 어쩜 탐정이라는 애가 약속도 하나 지킬 줄 모르니? 강릉에서 얼마나 기다린 줄 알아?"

　명탐정과 나지혜가 투덜거리는 사이, 샘은 하늘을 올려다보며 열심히 달을 찾고 있었다.

"달이 뜨려면 아직 멀었나?"

샘이 혼자 중얼거렸다. 그러자 명탐정과 나지혜도 샘에게 미안했는지 싸움을 멈추고 같이 하늘을 올려다보았다.

그때였다. 또래로 보이는 여자아이가 세 사람에게 다가오며 물었다.

"너희들이 강강술래를 보러 온 아이들이니?"

"응, 맞아. 넌 누구……?"

"난 이강희라고 해. 엄마가 너희들을 데려오랬어. 그런데 명탐정이 누구니?"

강희가 셋을 둘러보며 말하는데, 명탐정이 손을 내밀어 악수를 청했다.

"아, 그러니까 강강술래 선생님의 딸이구나. 내가 명탐정이야. 선생님께 전화드렸던."

나지혜와 샘이 얼떨떨한 표정을 하고 명탐정에게 눈짓으로 누구냐고 물었다. 그러자 명탐정이 설명을 했다.

"진도에 내려오기 전에 내가 미리 준비를 좀 했지. 인터넷을 뒤져서 전통 강강술래를 전수한 선생님을 찾아 전화드렸어. 강강술래를 배워 보고 싶다고 말이야."

명탐정이 우쭐해하는 모습을 보고 나지혜가 한마디 했다.

"그래도 준비성은 있네. 약속은 잘 안 지키지만."

강희가 영문을 몰라 어리둥절해하자 명탐정은 얼른 말을 돌렸다.

"참, 소개할게. 내 친구 나지혜와 샘이야. 샘은 미국에서 왔고."

갑작스런 소개에 샘은 저도 모르게 90도로 허리를 굽혀 인사했다. 나지혜가 샘의 허리를 쿡쿡 찌르며 웃었다.

"샘, 또래 친구끼리는 허리 안 굽혀도 돼."

샘이 당황해 얼굴을 붉히자 강희도 따라 웃었다.

"이곳이 옛날에 강강술래를 했던 곳이니?"

명탐정이 물었다.

"응. 임진왜란 때 이순신 장군이 강강술래로 왜적을 물리쳤다는 얘기가 전해지는 곳이야."

강희의 말에 샘의 눈이 휘둥그레졌다.

"이순신 장군? 아, 100원짜리 동전에 있는 사람?"

강희가 고개를 끄덕이며 바다를 가리켰다.

"저 바다가 임진왜란 때 이순신 장군이 왜적을 크게 물리친 곳이야. 저기 물살이 센 곳을 울돌목이라고 하는데, 바로 그 유명한 명량 대첩★을 거둔 곳이지."

"이순신 장군과 강강술래 이야기가 사실이 아니라는 말도 있던데……?"

명탐정이 실눈을 뜨고 의심스럽다는 듯 물었다.

"물론 전해 내려오는 전설일 뿐이라는 말도 있어. 그렇지만 우리 진도 사람들은 그렇게 생각하지 않아. 옛날 우리 할머니들이 이순신 장군을 도와 적군을 물리쳤다고 지금도 믿고 자랑스러워해. 그래서 강강술래가 우리 진도에서 계속 이어질 수 있는 것 같아."

★ **명량 대첩** 1597년 조선 시대 선조 임금 때 이순신 장군이 이끌던 수군이 명량 해협(전남 해남군 화원 반도와 진도 사이에 있는 해협)에서 일본 수군을 격파하고 크게 이긴 싸움. 12척의 배로 적의 함대 133척을 맞아 싸워 31척의 배를 격파하며 크게 이겼다. 이 싸움으로 조선 수군은 다시 전열을 가다듬을 수 있었다.

강희가 설명을 하자 샘이 물었다.

"강강술래는 놀이인데 어떻게 적군을 물리칠 수 있었던 거지? 이해가 안 돼."

"우리 군대의 수십 배가 되는 왜군이 진도를 향해 쳐들어오자 이곳에 살던 여인들은 발을 동동 굴렸지. 남자들처럼 나가 싸울 수는 없어도 뭔가 도움이 될 만한 일을 하고 싶었을 거야. 그때 이순신 장군이 멋진 방법을 생각해 냈어. 여자들에게 군복을 입히고 수십 명씩 무리를 지어 산봉우리를 돌게 한 거지. 샘, 멀리 떨어져 있는 왜적에게 이 모습이 어떻게 보였을 것 같아?"

강희의 물음에 샘은 생각에 빠졌다. 명탐정과 나지혜는 이미 아는 이야기였지만 샘을 위해 아무 말 없이 잠시 기다려 주었다.

"음, 둥글게 둥글게 돈다면……, 아마도……, 멀리서 보면 사람들이 계속해서 내려오는 것처럼 보이지 않았을까?"

"그래, 바로 그거야! 먼 바다에 있는 왜적들에게 이 모습은 마치 엄청나게 많은 군사들이 산봉우리를 내려오는 것처럼 보였을 거야. 그래서 적군은 우리 군사들이 아주 많이 있는 줄 알고 겁을 먹고 달아났지."

"와우! 정말 멋진데!"

샘은 엄지손가락을 치켜들고 폴짝폴짝 뛰면서 좋아했다. 그때 강강술래 공연 시작을 알리는 안내 방송이 흘러나왔다.

"얘들아, 시작한다. 저쪽으로 가자!"

아이들은 강강술래 공연이 시작되는 곳으로 자리를 옮겼다. 이미 많은 사람들이 공연을 보기 위해 모여 있었다. 아이들도 앞쪽에 자리를 잡고 앉았다.

　잠시 후, 한복을 차려입은 30, 40명의 아주머니들이 손을 잡고 등장했다. 한 줄로 걸어 나오다가 어느새 원을 만들어 천천히 돌았다.

　"저기 저 분이 우리 엄마야."

　강희가 가리키는 사람이 '달 떠온다'며 목청 좋게 메기는소리★를 하자, 나머지 사람들이 '강강술래' 하면서 받는소리를 했다.

달 떠온다 달 떠온다	강강술래
동에 동창 달 떠온다	강강술래
저 달이 누 달인가	강강술래
방호방네 달이라네	강강술래
방호방은 어디 가고	강강술래
저 달 뜬지 모르는가	강강술래

　샘은 노래를 듣자마자 고개를 들고 하늘을 보았다. 막 해가 넘어간 하늘은 어슴푸레한 빛을 띠고 있었다.

　"아직 달도 안 떴는데 공연이 시작돼 버렸네……."

　샘이 아쉬운 듯 중얼거리자 강희가 웃으며 말했다.

　"하하, 좀 있으면 달이 뜰 거야. 오늘은 보름달이 뜨는 날이거든. 강강술래는 원래 정월대보름이나 한가윗날 보름달 밑에서 소원을 빌면

★ 메기는소리 민요를 부를 때 한 사람이 앞서 부르는 소리.

서 하던 놀이야."

그 말을 듣고 샘이 다행이라는 듯 웃었다. 그리고 다시 하늘을 올려 다보며 혼잣말을 했다.

"아, 빨리 보름달이 떴으면 좋겠다."

그런 샘의 모습을 보며 나지혜가 강희에게 물었다.

"그런데 왜 하필 보름달 밑에서 강강술래를 한 거야?"

"음, 우리 조상들은 보통 달을 보며 풍요를 빌었거든. 둥근 달처럼 곡식도 동물도 사람도 모두 알차게 여물기를 바란 거지. 그래서 달을 노래하고 달 모양을 흉내 내면서 둥글게 둥글게 돌며 강강술래를 하는 거야."

"아, 그렇구나. 그럼 나도 보름달이 뜨면 풍년이 되게 해 달라고 빌어야지!"

느리게 시작한 강강술래가 점점 더 빨라졌다. 노랫소리도 높아져 갔

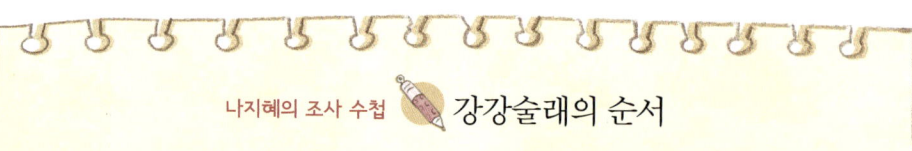

나지혜의 조사 수첩 강강술래의 순서

강강술래는 느린 가락인 '진강강술래'로 시작해서 '중강강술래', 가장 빠른 '자진강강술래'의 순서로 진행된다. 강강술래는 본래 신에게 풍요를 비는 제사의 성격을 가진 의식이었기 때문에, 처음에 그 장소를 깨끗하고 차분하게 정리할 목적으로 느린 진강강술래부터 시작한다.

진강강술래

다. 아주머니들은 더 빠르고 힘차게 원을 돌았다. 샘은 자기도 모르게 '강강술래'라는 후렴 구절을 따라 하고 있었다. 나지혜도 눈을 떼지 못하고 말했다.

"와, 나도 같이 뛰고 싶은걸! 보기만 해도 신이 나. 노래도 점점 더 빨라지고."

"그래, 강강술래는 느린 가락으로 시작해서 점점 빠른 가락으로 진행되는 놀이야."

"난 무조건 빨리 돌기만 하는 줄 알았는데, 그게 아니구나."

나지혜가 어깨를 으쓱하자 명탐정이 말했다.

"내 생각에는 느리게 시작해야 뒤로 갈수록 더 신이 날 것 같아. 처음부터 빠르면 엄청 힘들기도 할 테고 말이야."

"맞아. 역시 탐정이라 이해가 빠르구나."

강희의 칭찬에 명탐정의 얼굴이 빨개졌다. 나지혜는 그런 명탐정을 보고 코웃음을 쳤다.

잠시 후 새로운 노래가 시작되었다. 그러자 원을 돌던 몇 명의 아주머니가 원 안으로 뛰어 들어갔다. 그러고는 노래에 맞춰 춤을 추면서 우스꽝스러운 동작을 했다.

남생아 놀아라   촐래촐래가 잘 논다
어화색이 저색이   곡우남생 놀아라

"어? 뭐 하는 거야?"

"저건 '남생아 놀아라'라는 놀이야. 남생이를 흉내 내는 놀이지. 남생이는 거북의 한 종류고. 강강술래에는 여러 가지 놀이가 많이 나와. 놀이의 종류도 많고, 마을마다 놀이 방법이 달라. 하지만 누구나 쉽게 따라 할 수 있는 것들이야."

강희의 말처럼 이제 그냥 돌기만 하는 것이 아니라 여러 가지 놀이들이 펼쳐졌다.

둥근 원은 어느새 긴 줄이 되어 있었다. 아주머니들은 앞사람의 허리를 잡고 엎드려 엉덩이를 흔들며 걸어갔다. 그러다 맨 앞사람이 줄의 꼬리를 잡으면서 놀았다.

"어! 지금 하는 건 꼬리잡기 아니야? 나도 해 본 적 있는데."

"맞아. 보통 꼬리따기 놀이라고 부르지."

놀이가 바뀔 때마다 원의 모양도 여러 가지로 변했다. 한 줄로 늘어서기도 하고, 달팽이처럼 안으로 말기도 하고, 그러다 둥글게 모이고, 다시 흩어지기를 반복했다.

"원이 여러 가지 모양으로 자연스럽게 바뀌는 게 참 신기해."

나지혜가 감탄을 하자 샘이 말했다.

"와, 신나겠다! 나도 같이 놀고 싶어."

"나도!"

"나도!"

나지혜와 명탐정은 동시에 외치고 서로 멋쩍은 듯 고개를 돌렸다.

"저렇게 신나니까 우리 할머니나 할머니의 어머니 들도 다들 강강술래 하는 날만 손꼽아 기다렸을 것 같아. 옛날에는 다들 힘들게 사셨다잖아. 밭에 나가 일을 해야 하고, 아이들도 키워야 하고, 그리고 밤에는 함부로 나다니는 것도 쉽지 않았으니까 말이야. 그러니 강강술래 하는 날만큼은 모든 걸 잊고 즐겁게 놀 수 있었겠지."

나지혜가 알겠다는 듯 고개를 끄덕이자 강희가 말을 이었다.

"강강술래는 누구나 할 수 있고 따라 하기도 쉬워. 그리고 끝나는 시간이 정해진 게 아니기 때문에 밤늦도록 흥겹게 놀 수 있었지. 그리고 있잖아……."

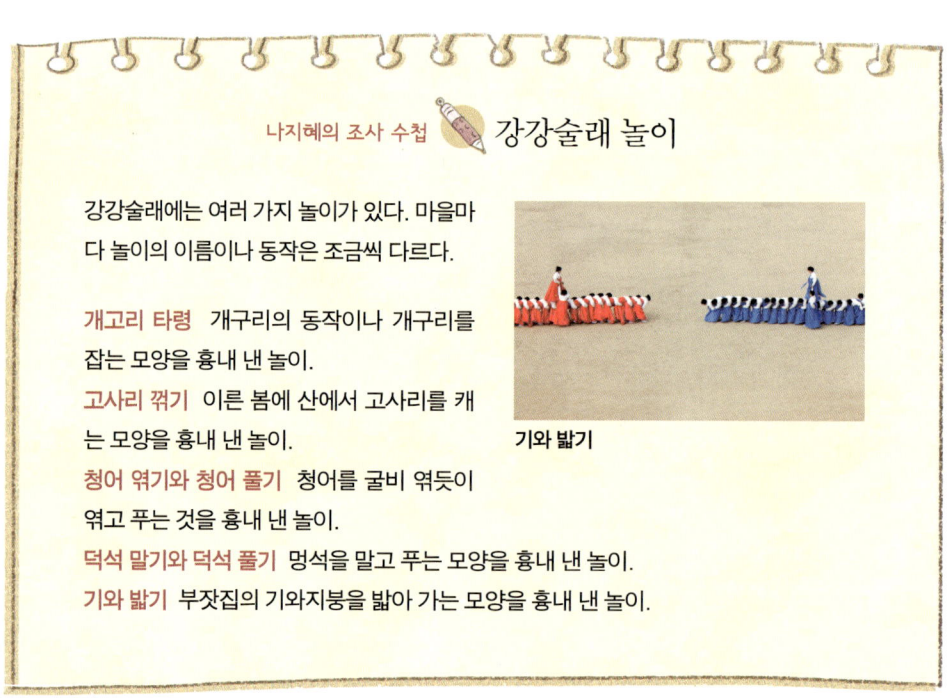

나지혜의 조사 수첩 　강강술래 놀이

강강술래에는 여러 가지 놀이가 있다. 마을마다 놀이의 이름이나 동작은 조금씩 다르다.

개고리 타령 개구리의 동작이나 개구리를 잡는 모양을 흉내 낸 놀이.
고사리 꺾기 이른 봄에 산에서 고사리를 캐는 모양을 흉내 낸 놀이.
청어 엮기와 청어 풀기 청어를 굴비 엮듯이 엮고 푸는 것을 흉내 낸 놀이.
덕석 말기와 덕석 풀기 멍석을 말고 푸는 모양을 흉내 낸 놀이.
기와 밟기 부잣집의 기와지붕을 밟아 가는 모양을 흉내 낸 놀이.

기와 밟기

강희는 잠시 머뭇거리더니 나지혜에게만 들리도록 귀엣말을 했다.

"비슷한 또래들이 삼삼오오 예쁜 치마저고리를 차려입고 신나게 노니까, 그 모습을 보고 반하는 남자들이 많았대. 큭큭."

강희의 웃음에 나지혜가 따라 웃자 명탐정과 샘이 심통을 부렸다.

"뭐야? 무슨 얘기야? 치, 여자들끼리만 말하고……."

드디어 강강술래 공연이 끝났다. 구경하던 사람들이 하나둘 자리에서 일어나기 시작했다. 잠시 후, 메기는소리를 하던 강강술래 선생님이 마이크를 잡고 말했다.

"감사합니다. 공연은 모두 끝났어요. 하지만 강강술래는 이제부터가 진짜 시작이에요."

사람들이 주섬주섬 짐을 챙기다 말고 어리둥절한 표정을 하고 선생님의 말에 귀를 기울였다.

"원래 강강술래는 사람들에게 보여 주기 위한 공연이 아니에요. 부녀자들의 놀이였지요. 그러나 이제는 남녀노소 누구나 함께할 수 있는 놀이가 되었어요. 강강술래가 얼마나 신명 나는지 지금부터 같이 한번 해 봅시다. 자, 다들 옆 사람의 손을 잡으세요."

사람들이 선생님의 말에 따라 서로서로 손을 잡았다. 강희는 멀뚱멀뚱 서 있는 샘을 끌어당겨 잡았다. 그러자 샘도 명탐정의 손을 잡고 섰다. 명탐정은 옆에 있는 나지혜에게 손을 내밀었다.

"흥, 약속도 안 지키는 너랑은 손잡기 싫어!"

나지혜가 콧방귀를 뀌며 명탐정의 손을 뿌리쳤다. 그러자 옆에서 보고 있던 강희가 나섰다.

"얼른 잡아. 이제 곧 시작해."

나지혜는 하는 수 없이 새끼손가락 하나를 내밀었다.

"자, 옆 사람의 손을 잡고 자연스럽게 흔들어 보세요. 발은 항상 왼발부터 나갑니다. 발뒤꿈치가 먼저 땅에 닿도록 하시고요, 시계 반대 방향으로 돌면 됩니다."

드디어 노래가 시작되었다.

"가앙~ 가앙~ 수울~ 래애~ 가앙~ 가앙~ 수울~ 래애~"

선생님의 메기는소리에 맞춰 사람들이 천천히 돌기 시작했다. 그리고 다 같이 강강술래의 후렴 구절을 불렀다. 노래가 점점 빨라지면서 사람들의 발걸음도 빨라지기 시작했다. 그러다 점차 뛰기 시작했다. 선생님의 노랫소리가 높아지자 사람들도 흥에 겨워 힘차게 '강강술래'를 외쳤다.

"와우! 와우!"

샘은 연신 탄성을 질렀다. 명탐정도 즐겁게 강강술래를 외치며 돌았다. 신나는 건 나지혜도 마찬가지였다. 나지혜는 어느새 명탐정의 손을 꼭 잡고 돌고 있었다.

"옛날 사람들은 강강술래를 하면서 친구나 이웃 사람 들과 정을 쌓았어요. 이렇게 손잡고 발맞춰 같이 뛰다 보면 저절로 마음이 통하고 갈등도 풀리게 되지요."

중간중간 선생님의 설명이 이어졌다. 강강술래를 목청껏 부르며 한참을 뛰고 난 후에는 재미있는 놀이가 시작되었다.

선생님이 메기는소리를 하자 몇 사람이 원 안으로 뛰어들어 남생이 놀이를 시작했다. 샘도 자신 있게 뛰어 들어갔다. 그리고 목을 오므렸다 폈다 하며 남생이 흉내를 냈다. 이리저리 팔을 휘두르며 막춤을 추자 사람들이 박수를 치며 웃었다.

    문지기 문지기   문 열어 주소
    열쇠 없어   못 열겠네
    열쇠 줄게   열어 주소

선생님이 새로운 노래를 시작하자 한복을 입은 아주머니들이 짝을 지어 마주 보고 섰다. 그리고 두 팔을 들어 올려 문을 만들었다. 나머지 사람들은 노래에 맞춰 그 문을 통과했다. 줄을 지은 사람들이 다 통과하면 다시 원을 만들어 돌았다. 사람들은 땀을 뻘뻘 흘리며 열심히 뛰놀았다. 아무도 멈출 생각을 하지 않고 흥겨워했다. 샘도 땀에 옷이 젖는 줄도 모르고 발이 아파 오는 것도 잊은 채 힘차게 뛰었다.

흩어졌다 모이는 것이 반복되다 보니, 처음에 손을 잡았던 강희와 샘, 명탐정, 나지혜 역시 어느새 뿔뿔이 흩어져 다른 사람들과 손을 잡고 돌았다. 샘도 낯선 사람과 손을 잡고 있었다. 열 살도 안 돼 보이는 꼬마와 수염이 덥수룩한 아저씨였다. 샘과 눈이 마주친 아저씨는 샘을 보고 활짝 웃었다. 샘도 따라 웃었다. 오늘 처음 본 아저씨지만 아주 오래전부터 알아 온 것처럼 느껴졌다. 그런 생각을 하며 사람들의 얼굴을 보니 모두가 친근했다. 둥근 원처럼 하나가 된 기분이었다. 가슴속에 뭔가가 가득 차올랐다. 미국에서는 느껴 보지 못했던 벅찬 감정이었다.

"와! 달 떴다!"

나지혜의 말에 주변 사람들이 동시에 고개를 들었다.

"예쁘다!"

"진짜 보름달이야!"

명탐정과 나지혜는 언제 싸웠냐는 듯 웃으며 말을 주고받았다.

"아, 맞다! 달을 보면 단서를 찾을 수 있을 것 같아서 여기에 온 건데, 신나게 돌다 보니 잊고 있었네. 그래도 기분은 좋다! 정말 최고야!"

샘은 보름달을 보며 더 힘차게 원을 돌았다. 이 밝고 환한 보름달을 가까이서 보고 느끼는 것만으로도 할아버지와 좀 더 가까워진 기분이 들었다. 그것만으로 충분했다.

나지혜가 말했다.

"우리, 저 보름달에게 소원 빌자!"

명탐정도 좋은 생각이라며 찬성했다.

샘과 명탐정과 나지혜는 한마음이 되어 달을 보며 빌었다.

'꼭 할아버지 부채의 비밀을 풀 수 있게 해 주세요.'

환한 달빛 아래 노랫소리는 점점 높아졌다. 시원한 바람을 맞으며 펼쳐진 바닷가 언덕에서의 강강술래는 밤늦도록 계속되었다.

명탐정의
탐정 수첩

매사냥
자연을 활용한 사냥법

　매사냥이란 야생 매를 잡아 길들여 꿩이나 토끼 같은 작은 짐승을 잡아 오게 하는 사냥 방법이다. 약 4,000~5,000년 전 아시아에서 시작되어 지금은 세계 60여 개 나라에서 전해지고 있다. 우리나라에서도 아주 오래전부터 매사냥이 시작되었는데 고구려 고분 벽화나 『삼국사기』 『삼국유사』 등에 매사냥에 관한 기록이 남아 있는 것을 보면 알 수 있다.

　매사냥은 원래 식량을 얻기 위해 시작되었지만 시간이 흐르면서 왕과 귀족들의 오락으로 사랑받기도 했다. 그래서 고려 충렬왕 때는 '응방'이라는 관청을 두어 매의 훈련과 매사냥을 담당하게 했으며, 응방의 책임자에게는 종삼품에 해당하는 벼슬을 주었다. 그리고 고려 충혜왕 때 이조년이라는 사람은 우리나라 최초의 매 사육서인 『응골방』을 집필하기도 했다. 이 책에는 매의 형태와 습성, 먹이, 치료 방법, 매의 훈련법과 관리 방법, 매에 관련된 시 등이 쓰여 있다.

　매사냥은 총이나 화살 같은 인간이 만든 도구를 쓰는 대신 자연의 일부인 매를 이용해 사냥하는 자연 친화적인 사냥법이다. 하지만 점차 사라질 위기에 처하자, 유네스코는 매사냥을 인류가 함께 지켜야 할 인류무형유산으로 지정했다. 2010년 매사냥은 우리나라와 모로코, 몽골, 사우디아라비아, 에스파냐, 시리아, 아랍 에미리트, 벨기에, 체코, 카타르, 프랑스 등 11개국에서 공동으로 신청해 유네스코에 등재되어 더 의미가 깊다.

「호귀응렵도」(김홍도, 간송미술관 소장) 화가 김홍도가 매사냥을 즐기던 자기 모습을 그린 것으로 추측된다.

● 어떻게 진행될까?

1 야생 매를 잡는다.

2 매 방에서 매를 길들인다.
● 봉받이: 매를 다루는 사람.

3 시치미를 붙인다.
● 시치미: 꽁지에 달아 주인을 밝히는 이름표.

4 사냥철이 되면 털이꾼이 풀숲에서 꿩을 몬다.
● 털이꾼: 사냥감을 몰아 주는 사람.

5 봉받이가 높은 곳에서 매를 날려 보낸다.

6 매가 날아가 꿩을 낚아챈다.
● 배꾼: 매가 날아가는 방향을 봐 주는 사람.

7. 사건의 실마리를 찾다
남사당놀이

　샘이 부채의 비밀을 풀기 위해 한국에 온 지도 어느덧 몇 달이 지났다. 명탐정과 나지혜와 샘은 강강술래를 보고 난 후 또 다른 인류무형유산인 남사당놀이를 보러 공연장을 찾아왔다.

　소나무 숲 속, 인형극이 펼쳐지는 야외 공연장은 아늑했다. 공연장 가운데에 작은 무대가 있고, 그 왼쪽으로 악사 대여섯 명이 무대를 향해 비스듬히 앉아 있었다. 무대 위 인형들은 악사들이 연주하는 풍물 가락에 맞춰 춤을 추듯 움직였다.

박첨지: 쉬이, 여보게, 큰일 났네.

산받이*: 뭐가 큰일 나?

박첨지: 평안 감사가 꿩을 잡아 내려가시다 고개에서 낮잠을 주무셨는데 그만 개미란 놈에게 물려 돌아가시고 말았다네.

산받이: 아, 그럼 상여**가 나오겠군.

박첨지: 아이고, 아이고, 아이고.

산받이: 여보, 영감. 그게 누구 상여인데 그렇게 우는 거여?

박첨지: 아니, 이게 우리 상여 아닌가?

산받이: 망할 영감, 그건 평안 감사댁 상여야.

박첨지: 아, 난 우리 상여인 줄 알았지. 암만 울어도 눈물도 안 나오고 어쩐지 싱겁더라.

★ 산받이 꼭두각시놀음에서 악사인 동시에 인형과 대화를 나누는 역할을 맡은 사람.
★★ 상여 사람의 시체를 실어서 묘지까지 나르는 도구.

나지혜는 인형극을 보고 웃으며 말했다.

"누가 죽었는지도 모르고 울다니. 하하하."

샘도 배꼽을 잡고 웃었다.

"개미한테 물려 죽었다는 게 더 웃기지 않아? 하하하."

구경하는 사람들도 인형이 움직일 때마다 까르르 웃음을 터뜨렸다.

나지혜가 박수를 치며 샘에게 말했다.

"이거 우리나라에 하나밖에 없는 전통 인형극이라더니 진짜 재밌고 웃긴다."

"정말 그런 것 같아. 그런데 인형은 누가 조종하는 거지?"

샘의 물음에 나지혜가 무대 밑으로 드리워진 천막을 가리켰다.

"저기 무대 밑에 사람들이 있나 봐. 저 안에서 인형을 움직이려면 많이 힘들겠어. 쪼그리고 앉아 있어야 하니까."

나지혜가 안쓰럽다는 표정을 하고 대답하는데, 명탐정은 아까부터 골똘히 다른 생각을 하는 것 같았다.

"명탐정! 너 계속 딴 생각했지?"

"아, 아니야. 인형극 보고 있었어."

명탐정은 손사래를 쳤지만 나지혜가 수상하다는 듯 실눈을 뜨고 째려보았다.

잠시 후, 인형극이 끝나고 구경하던 사람들이 박수갈채를 보냈다. 그 소리에 화답하듯 악사들의 풍물 가락이 공연장에 가득 울려 퍼졌다. 인형들도 하나둘 무대 위로 모습을 드러내고 인사를 했다. 마치 막을 내린 연극 무대에서 배우들이 마지막 인사를 하는 것 같았다.

"인형극은 애들만 보는 건 줄 알았는데 할아버지, 할머니 들이 더 좋아하시는 것 같았어. 우리 할아버지도 이런 걸 보고 좋아하셨을까?"

샘이 할아버지 생각을 하며 애틋해하자 나지혜가 어깨를 토닥이며 위로했다.

"샘, 남사당놀이까지 보고 나면 뭔가 실마리를 찾을 수 있을 거야. 그러면 부채의 주인도 찾게 될 거고, 할아버지와 부채가 어떤 관련이 있는지도 알게 될 테니까 힘내. 우리 눈 크게 뜨고 잘 살펴보자!"

"응, 그래야지. 고마워."

나지혜의 위로에 샘이 웃으며 말했다. 그때 스피커에서 안내 방송이 흘러나왔다.

"잠시 안내 말씀을 드립니다. 덜미를 관람하신 분들은 대공연장으로 이동해 주시기 바랍니다. 잠시 후 풍물, 버나, 살판, 어름의 공연이 있을 예정입니다. 덧뵈기 공연은 다음 주에 이곳에서 있을 예정이오니 참고하셔서 많은 관람 부탁드립니다."

"어? 덜미?"

샘이 머리를 갸웃하며 이상해하자 명탐정이 말했다.

"우리가 방금 본 인형극을 '덜미'라고 부른대. 샘, 목덜미라는 말 알지? 인형의 목덜미를 잡고 부리기 때문에 그렇게 부르나 봐."

"이렇게?"

샘이 제 손으로 목덜미를 잡고 고개를 늘어뜨리며 인형 흉내를 냈다. 그 모습을 보고 명탐정과 나지혜는 한바탕 크게 웃었다. 그리고 셋은 자리에서 일어났다.

대공연장으로 걸어가며 샘이 말했다.

"아까 인형극을 봤지만 도대체 남사당이 뭔지 아직 잘 모르겠어."

나지혜도 샘과 같은 생각인지 고개를 끄덕였다. 명탐정이 진지한 표정으로 대답했다.

"남사당이 생긴 지는 100년도 넘었어. 남사당패는 전국을 떠돌면서 노래와 춤과 풍물 연주 등 온갖 재주를 부려 사람들을 즐겁게 해 주었지. 먹을거리와 잠잘 곳만 주면 신명 나게 놀면서 생활에 지친 사람들을 달래 주었대. 그러니까 아마도 남사당패의 놀이판이 벌어지면 사람들은 근심 걱정 같은 건 다 잊고 함께 즐겼을 거야."

명탐정은 샘과 나지혜가 자기 말을 귀담아 듣는 듯하자 계속해서 말을 이었다.

"옛날에는 다른 놀이 패들도 많았어. 그런데 세월이 흐르면서 하나둘 사라졌지. 지금까지 남아 있는 건 남사당패뿐이야."

"와우! 대단한데, 명탐정!"

샘이 명탐정을 치켜세웠다. 나지혜도 조금 놀란 표정이었다.

"너, 언제 그렇게 공부했어? 꼭 누구한테 설명이라도 듣고 온 것 같은데?"

나지혜가 뾰로통하게 묻자 명탐정은 대답을 얼버무리며 대충 넘기려 했다.

"그, 그냥. 공, 공부 좀 했지."

이런저런 이야기를 하며 대공연장에 도착한 셋은 사람들을 보고 깜짝 놀랐다. 큰 공연장이 관객들로 벌써 꽉 차 있었다. 한쪽에는 악사 대여섯 명이 앉아 있고, 다른 쪽에는 커다란 멍석이 둘둘 말려 몇 개 놓여 있었다. 그리고 공연장 가운데에는 2, 3미터 높이의 줄 기둥에 굵은 밧줄이 매여 있었다. 줄은 길이가 5, 6미터쯤 되어 보였다.

"와, 진짜 사람 많다!"

셋은 겨우 빈자리를 찾아 앉았다. 곧 '풍물놀이'가 시작되었다.

큰 깃발을 든 사람들 몇이 앞장을 서고, 그 뒤로 꽹과리, 징, 장구, 북과 소고, 태평소 등의 악기를 연주하는 사람들이 흥겨운 가락을 울리며 등장했다. 긴 상모*를 돌리는 사람들도 뒤를 따랐다. 엄청나게 큰 악기 소리가 하늘과 땅을 울리고도 남을 것처럼 대공연장을 가득 메웠다. 힘

★ **상모** 벙거지 꼭지에 왕대와 구슬을 장식하고 그 끝에 해오라기의 털이나 길고 흰 천 조각 따위를 붙인 것.

차고 생동감 넘치는 장단에 샘의 가슴이 쿵쿵 뛰었다. 스무 명이 넘는 사람들은 각각 자기 악기를 연주하며 빙글빙글 돌기도 하고, 흩어졌다 모였다 하며 대공연장을 계속 돌았다. 신명 나는 가락 덕분에 앉아 있는 사람들의 어깨도 저절로 들썩거렸다. 샘도 어깨를 씰룩이며 말했다.

"신난다! 이게 풍물놀이지?"

"응, 맞아. 구경하러 온 사람들의 흥을 돋우기 위해 풍물놀이를 가장 먼저 시작해. 예전에는 동네를 돌면서 사람들을 모았대."

명탐정이 자신 있게 대답했다.

"오, 저것 좀 봐!"

샘이 가리킨 곳을 보니 상모꾼들이 긴 상모를 이리저리 돌리며 몸을 한껏 젖혀 빙글빙글 돌고 있었다. 쓰러질 듯 쓰러질 듯하면서도 절대 쓰러지지 않고 상모는 계속 둥글게 둥글게 돌아갔다. 그 모습에 사람들의 환호와 박수가 쏟

아졌다.

"와, 정말 어지러울 것 같아."

"보고 있는 나도 눈이 뱅글뱅글 도는 기분이야. 그런데 정작 도는 사람들은 다들 웃는 표정인데?"

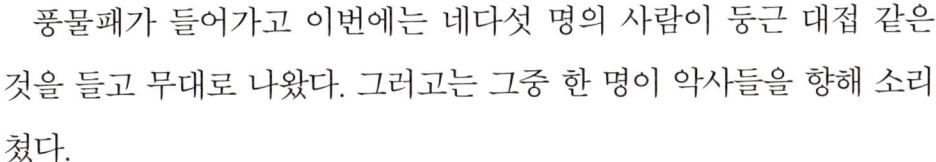

나지혜의 말대로 상모꾼들은 물론 풍물놀이를 하는 사람들의 표정이 한결같이 즐거워 보였다. 그래서인지 보는 사람들도 더 신이 나는 것 같았다.

풍물패가 들어가고 이번에는 네다섯 명의 사람이 둥근 대접 같은 것을 들고 무대로 나왔다. 그러고는 그중 한 명이 악사들을 향해 소리쳤다.

"먹을 것도 없으니 우리 대접이나 한번 돌려 보세!"

"좋지! 그럼 시작해 볼까?"

악사가 대답을 하고 연주를 시작했다. 흥겨운 반주가 흘러나오자 버나잡이들은 둥근 대접을 돌리기 시작했다.

"저 대접같이 생긴 게 '버나'라고 하는 건가 봐. 막대기 위에 올려놓고 돌리는데?"

긴 막대기 위에서 버나가 빙글빙글 돌아갔다. 막대기 두세 개를 길게 연결해 돌리기도 하고, 지름이 1미터는 될 법한 큰 버나를 돌리기도 했다.

"어이, 매호씨! 내가 이렇게 돌리는 게 쉬워 보이는가?"

"그거 뭐 아무나 돌릴 수 있는 거 아닌가?"

악사들 중 한 사람이 버나를 돌리는 버나잡이와 재담을 주고받았다.

"지금 말하는 저 사람은 누구야?"

샘이 궁금해하자 명탐정이 대답했다.

"응, 묘기를 부리는 사람과 대화를 주고받는 어릿광대야. '매호씨'라고 부른대. 남사당이 펼치는 놀이들이 서커스와 비슷하게 보이겠지만 다른 점이 바로 저거야. 저 사람들이 주고받는 이야기는 가난한 사람들의 생활을 있는 그대로 보여 주거나 못된 양반을 우스꽝스럽게 놀리는 것들이었어. 그러니 힘없고 가난한 사람들에게 웃음과 희망을 준 거지. 아픈 곳을 달래 주고, 가려운 곳을 긁어 주는 역할을 했으니까."

샘은 명탐정의 명쾌한 대답을 들으며 고개를 끄덕였지만, 나지혜는 뭔가 의심스런 눈으로 명탐정을 바라보았다. 명탐정이 유독 남사당에 대해서 저렇게 잘 알고 있는 게 아무래도 이상했다.

그때였다. 버나잡이가 샘의 손을 잡아끌었다. 다른 몇몇 관객들도 버나잡이의 손에 이끌려 앞으로 나왔다.

"자, 한번 돌려 보시게!"

잠시 머뭇거리던 샘과 관객들이 막대기 위에 버나를 올려놓고 돌려 보았다. 하지만 버나는 한 바퀴도 채 돌아가지 못하고 땅에 떨어졌다. 모두가 답답해하자 버나잡이가 버나를 돌려 막대기를 사람들의 손에 쥐여 주었다. 그러자 신기하게도 버나는 잘 돌아갔다. 사람들이 그 모습을 보고 박수를 쳤다. 샘은 으쓱해져서는 브이 자를 그리며 자리로 돌아왔.

버나 공연이 끝나자, 이번에는 무대 중앙에 기다란 멍석이 깔렸다. 그리고 '살판' 공연이 시작되었다.

"매호씨! 이번에는 메뚜기가 나왔는디, 이 발바닥엔 용수철이 달린 것도 아니겄고 뛰기는 뛰는데 아주 어려운 재주렸다."

재주를 넘는 땅재주꾼이 나와 매호씨와 대화를 주고받았다. 그러고는 멍석 위를 풀쩍풀쩍 뛰어넘으며 날아다니듯 묘기를 부렸다. 악사들의 장단에 맞춰 앞으로 걸어가다 손 짚고 공중회전을 하기도 하고, 물구나무를 서서 걷기도 하고, 제자리에서 몇 번씩 공중회전을 하기도 하였다. 그럴 때마다 관객들 사이에서 함성이 터져 나왔다.

"꺅! 하마터면 땅에 곤두박질치는 줄 알았네. 휴, 내 심장이 계속 벌

렁벌렁해."

나지혜가 가슴을 쓸어내리며 안도의 한숨을 내쉬었다.

"그러니 '잘하면 살판이요, 못하면 죽을 판'이라고 했다지 않아."

"잘못하면 정말 크게 다칠 수도 있겠어."

나지혜가 걱정하며 말했다.

"위험한 묘기지. 옛날에는 실수라도 하는 날이면 구경꾼이 줄어들어 끼니를 해결하기도 힘들었대. 그러니 잘하면 살고, 못하면 죽는 거나 마찬가지인 셈인 거야."

명탐정은 안타까운 듯 말했다. 나지혜는 그런 명탐정을 보며 뭔가 낌새를 챘지만 아직은 더 두고 보기로 했다.

"와우! 판타스틱! 꼭 텀블링 같아."

　샘은 연신 감탄을 했다. 땅재주꾼이 우스꽝스러운 동작을 할 때는 사람들이 웃음을 터뜨리기도 했다.
　"올림픽 때 보던 체조 경기의 마루 운동과 비슷한 것 같은데, 훨씬 더 재미있어."
　매호씨와 버나잡이가 재담을 주고받은 것처럼 살판 공연도 매호씨와 땅재주꾼의 대화 덕분에 한 편의 연극을 보는 듯했다.
　"이제 줄타기만 남았네."
　샘과 나지혜가 말하는 동안 명탐정은 계속 돋보기만 만지작거리고 있었다. 어딘지 모르게 초조한 모습이었다.
　드디어 '어름', 줄타기 공연이 시작되었다. 악사들의 장단에 맞춰 줄꾼이 등장했다. 하얀색 바지저고리에 파란 조끼를 걸치고 패랭이를 쓴

모습이었다. 사람들의 박수 소리가 대공연장을 가득 메웠다. 다들 이 공연을 기다린 것 같았다. 줄꾼은 두 팔을 벌려 균형을 맞추고, 조심조심 한 발 한 발 내디디며 외줄에 올랐다.

"어, 저기! 저 사람 손에 부채가 들려 있어."

샘이 벌떡 일어나 줄꾼이 들고 있는 부채를 가리켰다. 그러자 주변에 앉아 있던 사람들이 무슨 일인가 싶어 샘 일행을 쳐다보았다. 명탐정이 얼른 샘을 끌어당겨 자리에 앉혔다.

"어, 진짜네! 명탐정, 너도 보이지? 우리 부채랑 비슷하게 생긴 것 같아!"

나지혜도 다급하게 명탐정을 불러 말했다. 그런데 웬일인지 명탐정은 침착했다.

"그래, 봤어. 어차피 공연이 끝나야 알아볼 수 있을 테니 너무 흥분하지 말고 공연을 끝까지 지켜보자."

"명탐정! 너 뭔가 알고 있는 거지? 그래서 이렇게 태연한 거지?"

나지혜가 더는 못 참겠다는 듯 몰아붙였지만 명탐정은 아무 대답도 하지 않았다. 그저 돋보기만 만지작거릴 뿐이었다. 샘도 명탐정이 뭔가를 알고 있는 것 같았지만 아무것도 묻지 않았다.

"이 어름사니를 보러 바다 구경도 마다하고 여기까지 찾아 주셔서 감사합니다그려."

줄꾼이 줄 위에서 관객들에게 인사를 했다.

"저 줄 타는 사람을 '어름사니'라고 부르나 봐."

샘이 중얼거렸다. 그러고는 작은 행동 하나라도 놓칠세라 눈을 크게 떴다.

어름사니가 장단에 맞춰 앞으로 나아가기 시작했다. 그러다 다시 뒤로 걸어갔다. 장단이 빨라지자 줄 위에서 뛰어가기도 했다. 또 무릎걸음으로 줄을 타면서 구경하는 사람들을 조마조마하게 만들기도 했다. 줄이 흔들릴 때마다 샘의 심장도 벌렁거렸다. 어름사니가 가랑이 사이로 줄을 타면서 줄의 탄력을 이용해 높이 뛰어오를 때는 저절로 온몸이 오그라들었다. 손에 땀을 쥐게 하는 묘기가 펼쳐질 때마다 사람들의 함성이 터져 나왔다. 줄 위에 걸터앉아 화장하는 흉내를 내거나 뒤뚱거리는 양반걸음을 흉내 낼 때는 웃음이 터져 나왔고, 일부러 떨어지는 척할 때는 놀란 가슴을 쓸어내렸다. 모든 사람들이 줄타기 공연에 푹 빠져들었다.

외줄 위에서 아슬아슬한 곡예가 펼쳐지는 중에도 어름사니와 매호씨와의 재미있는 대화는 계속 이어졌다.

"어이, 매호씨! 오늘 이렇게 관객분들이 많이 오시고 했으니 내가 줄 위에서 시 한 수 읊어야겠네그려."

"거, 좋지! 어디 한번 읊어 보게나!"

악사들이 장단을 멈췄고 어름사니가 시를 읊기 시작했다.

명탐정은 샘과 나지혜에게 조용히 말했다.

"얘들아, 저 시를 잘 들어 봐."

샘과 나지혜는 서로 얼굴을 마주 보았다. 그리고 어름사니가 읊는 시를 주의 깊게 듣기 시작했다.

뛰어오르면 하늘이요, 뛰어내리면 땅이라

하늘과 땅을 잇는 것이 이것이라면

험한 길이 될지라도 내 신명을 다해 놀아 보리라

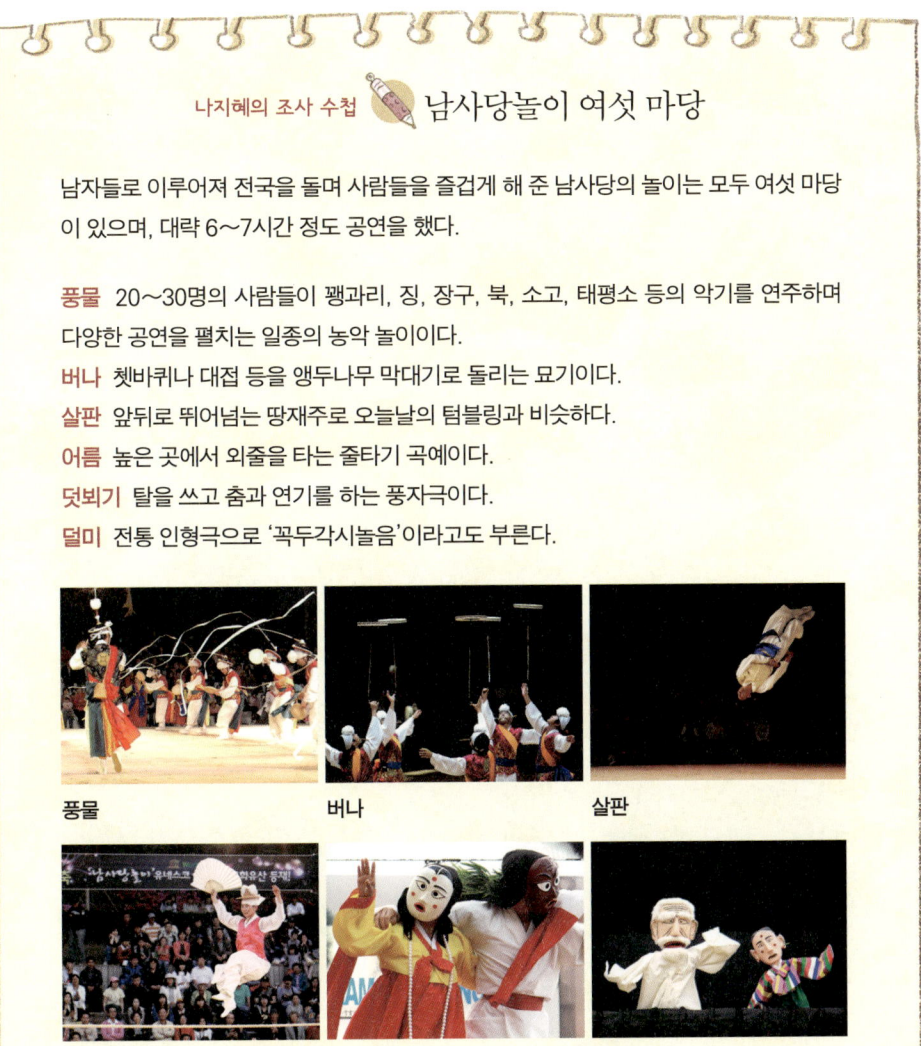

나지혜의 조사 수첩 — 남사당놀이 여섯 마당

남자들로 이루어져 전국을 돌며 사람들을 즐겁게 해 준 남사당의 놀이는 모두 여섯 마당이 있으며, 대략 6~7시간 정도 공연을 했다.

풍물 20~30명의 사람들이 꽹과리, 징, 장구, 북, 소고, 태평소 등의 악기를 연주하며 다양한 공연을 펼치는 일종의 농악 놀이이다.
버나 쳇바퀴나 대접 등을 앵두나무 막대기로 돌리는 묘기이다.
살판 앞뒤로 뛰어넘는 땅재주로 오늘날의 텀블링과 비슷하다.
어름 높은 곳에서 외줄을 타는 줄타기 곡예이다.
덧뵈기 탈을 쓰고 춤과 연기를 하는 풍자극이다.
덜미 전통 인형극으로 '꼭두각시놀음'이라고도 부른다.

풍물　　　　　버나　　　　　살판
어름　　　　　덧뵈기　　　　덜미

8. 명탐정, 부채의 비밀을 풀다

셋은 남사당 전수관의 대기실 앞에 나란히 앉아 있었다. 방금 줄타기 공연을 끝낸 줄꾼 아저씨를 기다리는 중이었다.

샘은 명탐정의 돋보기를 들고 부채를 살펴보고 있었다. 부채 한쪽에 그려진 연못과 소나무가 여전히 가장 먼저 눈에 띄었다. 그리고 연못 위의 달 그림도 눈에 들어왔다. 부채 손잡이에 달린 다섯 가지 색깔의 매듭도 보였다. 이리저리 돋보기를 갖다 대며 부채의 가장자리를 살피던 샘이 소리쳤다.

"이거야!"

나지혜도 샘에게서 얼른 돋보기를 건네받고 부채를 살펴보았다. 부채의 가장자리를 따라 눈에 잘 띄지도 않는 아주 작은 글씨가 깨알같이 쓰여 있었다. 나지혜가 그 글자들을 읽어 내려갔다.

"뛰, 어, 오, 르, 면, 하, 늘, 이, 요, 뛰, 어, 내, 리, 면, 땅, 이, 라. 하늘과 땅을 잇는 것이 이것이라면……."

"조금 전에 어름사니가 줄을 타며 읊었던 시야!"

샘이 확신에 찬 목소리로 말했다. 나지혜가 고개를 들고 명탐정을 보자 명탐정이 맞다고 고개를 끄덕였다. 나지혜가 씩씩거리며 화를 냈다.

"명탐정, 넌 그럼 다 알고 있었던 거야?"

"아, 아니야. 다 알고 있었던 건 아니고, 처용무를 보고 돌아온 날 우연히 이 시를 발견했어. 그날 나지혜 네가 그랬잖아. 부채 자체에 대해 더 알아봐야 한다고 말이야. 그래서 난 돋보기로 부채 구석구석을 유심히 살폈어. 그러다 부채의 가장자리를 자세히 보게 되었는데 그동안 우리가 무늬라고 생각하고 지나쳤던 게 실은 아주 작은 글씨였다는 걸 그때 알았어. 그래서 읽어 봤는데 꼭 시 같더라고."

나지혜는 아직도 분이 풀리지 않는 듯했다.

"그럼 우리한테도 말했어야지. 어쩜 우릴 감쪽같이 속이니?"

"아, 아니, 속일 생각은 없었어. 미리 얘기했다가 혹시라도 별로 중요한 단서가 아니면 샘이 실망할까 봐 쉽게 말할 수가 없었던 것뿐이야."

명탐정은 미안한 듯 고개를 숙이고 다시 말을 이었다.

"그러다가 강릉단오제에 가기로 한 날을 하루 앞두고 도서관에서 책을 보다가 우연히 그 시를 발견했어. 남사당과 관련 있는 시라는 걸 알고는 직접 가서 확인해 봐야겠다고 생각했고."

명탐정이 머리를 긁적이며 말하자 샘이 이해한다는 듯 말했다.

"그래서 강릉에 못 왔구나?"

"그래, 샘. 직접 찾아가서 물어보는 게 좋을 것 같아서 그날 여기에 왔었어. 정말 미안해."

"어쩐지 남사당에 대해서 잘 안다 했다……."

나지혜가 팔짱을 낀 채 눈을 흘겼다. 하지만 샘은 명탐정의 어깨를 두드리며 고마워했다.

"고마워, 명탐정. 아무튼 네 덕분에 무형유산 공연도 다 보고, 부채의 비밀을 풀 결정적 단서도 찾았으니까. 미리 알았더라면 강릉단오제도 못 보고, 강강술래도 직접 못 해 봤을 테니까."

"뭘, 내가 한 게 뭐가 있다고. 그래도 그렇게 말해 주니 고맙다, 샘."

명탐정이 얼굴을 붉히며 웃자, 그제야 나지혜도 팔짱을 풀고 따라 웃었다.

"너희들, 많이 기다렸지?"

줄꾼 아저씨가 대기실에서 나왔다. 옷을 갈아입으니 조금 전과는 사뭇 다른 모습이었다. 셋은 얼른 인사를 했다.

"그래, 명탐정은 저번에 봤고. 네가 샘이구나. 넌 나지혜고. 반갑다."

아저씨가 셋을 반갑게 맞아 주었다.

"오늘 공연은 어땠니?"

"진짜 신나고 재미있었어요. 웃긴 것도 많았고, 조마조마한 것도 많았고요. 전 특히 줄타기가 기억에 남아요."

나지혜가 아저씨의 물음에 대답하는 사이, 샘이 아저씨에게 부채를 건넸다.

"오, 이게 바로 그 부채구나!"

아저씨는 부채를 이리저리 돌려보며 꼼꼼히 살폈다. 그리고 귀한 보물을 다루듯 조심스럽게 펼쳐 만져 보았다. 샘은 그런 아저씨를 보며 마른침을 삼켰다.

"말로만 듣던 부채를 이렇게 직접 만져 보다니……."

아저씨는 무척 감격스러워 했다.

"아저씨, 좀 전에 줄타기 공연을 할 때 읊으셨던 시가 이 시 맞나요?"

나지혜가 돋보기로 부채 가장자리의 글자들을 크게 해 보여 드렸다. 유심히 글을 읽던 아저씨는 고개를 끄덕였다.

"아저씨, 아저씨가 읊던 시와 부채에 쓰인 시가 똑같은 것으로 봐서, 저희는 아무래도 이 부채가 남사당과 관련 있는 것 같아요. 혹시 이 부채에 대해 아는 게 있으세요?"

샘의 목소리가 가늘게 떨렸다. 그런데 아저씨는 대답은 하지 않고 계속해서 부채를 돌려 보며 유심히 살피고 또 살폈다. 한참을 그러던 아저씨가 실망스러운 표정으로 샘을 바라보았다.

"샘, 나도 사실 이 부채를 직접 보는 건 처음이란다. 소문으로만 들었거든. 그런데 이 부채는 내가 전해 들었던 그 부채가 아닌 것 같구나."

아저씨는 다시 한 번 부채를 꼼꼼히 살피더니 뭔가 결심한 듯 어렵게 입을 뗐다.

"너희가 말한 것처럼 여기에 적힌 글귀는 아까 내가 줄 위에서 읊던 그 시가 분명해. 하지만 이 부채는 내가 알고 있는 그 부채와는 다른 것 같구나."

아저씨의 말에 셋은 너무 놀라 입을 다물지 못했다. 명탐정이 못 믿겠다는 듯 아저씨에게 물었다.

"아저씨, 그게 무슨 말씀이세요? 이 시는 분명히 남사당에게 전해 내려오는 시라면서요."

아저씨도 아쉬워하며 말했다.

"그래, 그랬지. 명탐정이 얼마 전에 나를 찾아와 그 시에 대해 물어보면서 부채에 대해 이야기했을 때 나는 너희들이 가지고 있는 부채가 말로만 듣던 남사당의 부채가 확실하다고 생각했단다. 그런데 이건 그 부채가 아니야. 우선 내가 알고 있는 남사당 부채 이야기부터 해 주마."

셋은 초조한 마음으로 아저씨의 이야기에 귀를 기울였다.

"아주 오래전부터 어떤 남사당패에 전해 오던 귀중한 부채가 있다고 들었다. 그 부채는 최고의 줄꾼들만이 받을 수 있었다고 하더구나. 그러니까 최고의 어름사니한테만 전해지던 거지."

"최고의 어름사니요? 그럼……, 줄타기를 하는 사람?"

나지혜가 놀라서 되묻자 아저씨가 고개를 끄덕였다.

"그래. 부채는 어름사니에게 아주 중요한 물건이야. 어름사니는 부채로 바람을 일으키기도 하고 막기도 하면서 줄 위에서 균형을 잡지. 부채가 있어야만 줄 위에서 자유로울 수가 있어."

샘은 아저씨의 말을 듣고 그 자리에 얼어붙은 듯 서 있었다. 그저 눈을 크게 뜨고 아저씨가 들고 있는 부채를 바라볼 뿐이었다. 문득 어떤 기억이 떠올랐다. 그것은 텔레비전으로 방송되는 서커스 공연을 보고 있던 할아버지 모습이었다.

할아버지는 텔레비전에서 서커스 공연이 방송될 때마다 빼놓지 않고 챙겨 보셨다. 샘은 '할아버지가 서커스 공연을 정말 좋아하시나 보

다.' 하고 생각했다. 그리고 보니 할아버지는 서커스 공연 중에서도 특히 줄타기 곡예를 좋아하셨던 것 같다. 줄타기가 시작되면 줄을 타는 사람과 똑같이 심호흡하면서 곡예가 끝날 때까지 지켜보셨다. 그리고는 이런 말씀을 하셨다. "샘, 사람이 살아가는 것은 줄타기를 하는 것과 비슷하단다. 아슬아슬 언제 떨어질지 모르지만 그래도 균형을 잡고 앞으로 나아가야만 하지."

아저씨는 계속 말을 이어 갔다.
"오래전 일이야. 아주 유명한 남사당패가 있었지. 그 남사당패에는 뛰어난 어름사니가 한 분 계셨는데 인기가 엄청 많았나 봐. 어느 정도

였냐 하면 그분의 줄타기를 보려고 사람들이 동구 밖까지 줄을 길게 늘어설 정도였다고 해."

셋은 입을 벌린 채 아저씨의 이야기에 푹 빠져들었다.

"그랬으니 그분은 당연히 최고의 어름사니에게만 전해지는 그 부채를 받으셨지. 그런데 어느 날 그분이 줄을 타다가 줄에서 떨어지는 사고를 당했대. 그 이후로 다리를 다쳐 다시는 줄을 탈 수 없었다고 하더라고. 당연히 관객도 뜸해졌지. 게다가 때마침 외국 문물이 많이 들어오던 때라 전통 남사당놀이도 점점 설 자리를 잃어 갈 때였고. 결국 그 남사당패는 흩어져 버렸어."

아저씨의 이야기를 듣자 샘의 머릿속에 또 다른 할아버지의 모습이 떠올랐다.

할아버지는 언제나 지팡이를 짚고 계셨다. 그리고 종종 "비 소식은 이 다리가 가장 먼저 알지. 일기 예보보다 더 정확하다니까. 허허." 하시며 웃곤 하셨다. 샘은 그때마다 할아버지의 웃는 모습이 왠지 모르게 슬퍼 보였다. 또 할아버지는 가끔씩 잠꼬대를 하며 허공에다 팔을 휘젓곤 하셨다. 왜 그러시냐고 여쭤 보면 "글쎄다." 하며 먼 하늘만 한참 동안 바라보셨다.

아저씨의 이야기를 듣던 명탐정이 물었다.

"그럼 그 부채는 어디에 있어요? 그리고 이게 그 부채가 아니라는 건 어떻게 알죠?"

"내가 듣기로 그 부채에는 어름사니가 줄을 타는 그림이 그려져 있다고 했어. 최고의 어름사니에게만 전해지는 특별한 부채니까 말이야. 하지만 이 부채에는 아무리 살펴봐도 줄을 타는 그림이 그려져 있질 않구나."

아저씨도 한숨을 쉬며 많이 아쉬워했다.

명탐정은 아저씨로부터 부채를 받아 들고 다시 이리저리 살펴보았다.

"아니야, 분명히 뭔가가 있을 거야. 분명히. 내 탐정 레이더에는 신호가 잡히는데……."

명탐정이 중얼거리는 소리를 듣고도 나지혜는 아무 말을 하지 못했다. 평소 같았으면 무슨 탐정 레이더냐며 핀잔을 줬겠지만, 지금은 너무 실망해서 그 자리에 털썩 주저앉고 싶은 마음뿐이었다. 샘도 말없이 뒤돌아섰다.

나지혜는 힘을 내어 어깨를 축 늘어뜨리고 있는 샘에게 다가갔다. 누구보다도 실망했을 샘을 위로해야 할 것 같았다. 샘은 울고 있었다.

"울지 마, 샘."

샘의 눈물을 보니 나지혜도 눈물이 나올 것 같았다. 그렇지만 입술을 꼭 깨물고 샘의 등을 쓰다듬었다. 그러고는 주머니에서 휴지를 꺼내 샘에게 건넸다.

"샘, 너무 슬퍼하지 마. 자, 이걸로 눈물 닦아."

그 모습을 보던 명탐정이 갑자기 무릎을 탁 치며 햇빛에다 부채를 비춰 보았다. 그러더니 부채 화선지 면의 귀퉁이를 살살 뜯어내기 시작했다.

"명탐정! 너 뭐 하니? 그러다 부채가 찢어지면 어쩌려고 그래?"

나지혜는 이런 와중에도 부채만 붙들고 있는 명탐정이 얄미워서 톡 쏘아붙였다. 명탐정은 아랑곳하지 않고 손가락에 침까지 묻혀 가며 귀퉁이를 뜯었다.

"그래! 바로 이거야, 이거! 아저씨, 이것 좀 보세요!"

명탐정은 한껏 흥분하여 아저씨를 불렀다. 아저씨는 명탐정이 내민 부채를 신기한 듯 쳐다보았다. 눈물을 닦고 있던 샘도, 나지혜도 눈이 휘둥그레졌다.

"오, 그래! 명탐정, 네가 중요한 걸 찾아냈구나. 바로 이 그림이야!"

명탐정이 부채의 화선지를 조심스레 벗겨 내자 그 안쪽에 또 다른 그림이 그려져 있었다. 방금 전에 대공연장에서 본 줄타기의 한 장면 같았다. 높은 줄 위에서 패랭이를 쓰고 부채를 든 어름사니가 줄을 타는 모습이었다.

"명탐정!"

샘과 나지혜가 동시에 소리쳤다. 그리고 나지혜가 믿지 못하겠다는 듯 물었다.

"도대체 이걸 어떻게 알았어? 이 화선지가 두 겹으로 되어 있다는 걸 말이야."

"네가 샘한테 휴지를 건네는 걸 보고 문득 생각났어. 휴지를 보면 그냥 한 겹으로 되어 있는 것 같지만 사실 얇게 여러 겹으로 되어 있잖아. 이 부채도 처음 봤을 때부터 화선지가 좀 두껍다 생각했거든."

명탐정은 의기양양하게 휴지를 두 면으로 나눠 들고 흔들어 댔다.

"내가 그랬지? 진실은 보이지 않는 곳에 있다고 말이야. 보이지 않는 곳을 볼 줄 알아야 진정한 탐정이 된다고. 흠흠."

명탐정은 헛기침까지 하면서 으스댔다.

"명탐정, 정말 대단하구나! 이렇게 안쪽에 그림이 숨어 있었다니 이 부채는 남사당패에 전해 오던 그 부채가 틀림없어."

아저씨도 명탐정의 머리를 쓰다듬으며 기뻐했다.

샘은 울다가 웃으며 명탐정을 와락 끌어안았다.

"명탐정! 정말 고마워. 넌 진짜 최고의 명탐정이야!"

샘이 갑작스럽게 포옹을 하자 명탐정은 쑥스러워했다. 그때 나지혜가 아저씨에게 물었다.

"아저씨, 그럼 이 부채를 마지막으로 받은 남사당 최고의 어름사니는 어떻게 됐어요? 저희는 이 부채의 주인을 찾아야 해요."

"그분이 어떻게 됐는지는 아무도 몰라. 부채의 행방도 오늘에서야 이렇게 알게 되었는걸."

샘과 명탐정도 아저씨를 보았다. 아저씨가 계속해서 말했다.

"며칠 전에 명탐정을 만나고 난 후 나 역시 그분의 행방이 궁금해 우리 남사당 전수관 어르신들께 수소문해 봤단다. 다행히 한 어르신이 그분의 소식을 들은 적이 있다고 하시더구나."

나지혜는 두 손을 모으고 아저씨의 다음 이야기를 기다렸다. 샘과 명탐정도 초조한 눈빛으로 아저씨를 보았다.

"더 이상 줄을 탈 수 없게 된 그분은 미국으로 이민을 가셨다고 하더

라. 어린 아들이 하나 있었는데 그 아들을 데리고 말이야."

아저씨가 샘을 물끄러미 쳐다보았다. 나지혜와 명탐정도 알겠다는 듯 샘을 보았다. 샘의 얼굴은 상기되어 있었다.

"샘, 괜찮아?"

명탐정이 샘의 어깨를 토닥였다.

"으응. 오케이. 난 좋아."

샘은 저도 모르게 눈물이 또 나오려는 걸 꾹 참았다. 이번에는 기쁨과 그리움의 눈물이었다. 아저씨가 샘의 머리를 쓰다듬었다.

"우리 할아버지가 이 부채를 마지막으로 받은 최고의 줄꾼이셨던 것 같아요. 이제 모든 걸 알겠어요. 왜 할아버지가 그토록 줄타기 곡예를 즐겨 보셨는지. 왜 지팡이에 몸을 의지하고 계셨는지도 말이에요."

샘은 애써 눈물을 삼키고 미소 지으며 말을 이었다.

"아저씨, 이제 이 부채는 아저씨가 가지셔야 할 것 같아요. 할아버지가 그러셨거든요. 꼭 부채의 주인을 찾아 주고 싶다고. 아마도 다음 줄꾼에게 전해 주고 싶으셨던 것 같아요."

아저씨는 부채를 조심스럽게 쓰다듬으며 샘을 보았다.

"고맙다, 샘. 내가 이 부채의 주인이라고 말해 줘서. 돌아가신 할아버지에게 직접 받았다면 정말 영광스러웠을 거야. 하지만 난 최고의 줄꾼이 아니야. 그러기에는 한참 멀었어. 이건 남사당에게 아주 의미 있는 부채니까 여기 남사당 전수관에 잘 보관해 두는 게 어떨까 싶은데, 샘 네 생각은 어떠냐?"

샘은 잠시 부채를 보고는 이내 고개를 끄덕였다. 아저씨가 샘의 손을 잡고 말했다.

"샘, 최고의 어름사니셨던 분의 손자를 만나게 돼서 정말 기뻐. 나도 네 할아버지처럼 멋진 어름사니가 되고 싶단다. 최고의 줄꾼이 있으려면 최고의 관객이 있어야 하는 법이야. 우리 남사당놀이가 계속 전해지려면 남사당을 잊지 않고 찾아 주는 관객이 있어야 하지. 그러려면 너희 세대들이 우리 문화를 잊지 않고 기억해 줘야 한단다. 샘, 미국에 가더라도 이 부채를 잊지 않으면 좋겠구나. 그리고 우리 문화도 꼭 기억해 주면 좋겠다. 아마 네 할아버지도 그걸 바라실 거야."

아저씨는 샘의 손을 꼭 쥐었다.

샘은 남사당 전수관을 나오다 잠시 멈춰 서서 대공연장 쪽을 바라보았다. 관객들은 이미 다 빠져나가고 텅 빈 공연장에는 뒷정리를 하는 사람들뿐이었다. 줄 기둥에 매여 있던 줄은 아직 그대로였다. 샘은 한참 동안 줄을 쳐다보고는 눈을 감았다. 눈앞이 잠깐 캄캄해지는가 싶더니 무언가 아른거리기 시작했다. 샘은 그것이 무엇인지 보려고 온 정신을 집중했다.

그것은 줄을 타는 할아버지의 모습이었다.

할아버지가 부채를 활짝 펼쳐 들고 줄 위에 서 있었다. 줄은 아슬아슬 흔들리고 있었지만 할아버지는 겁먹지 않았다. 당당하게 앞으로 나아갔다. 할아버지는 심호흡을 하고서 "허이!" 목청을 돋우며 줄을 튕겨 하늘 높이 올랐다.

명탐정과 나지혜에게

명탐정, 나지혜! 잘 있었니? 난 무사히 집으로 돌아왔어. 이번 여행은 정말 멋진 여행이었다는 걸 꼭 말해 주고 싶어. 결코 잊을 수 없을 거야. 할아버지와 함께였다면 더 좋았겠지만 그래도 너희들이 곁에 있어서 난 참 행복했어. 고맙다는 말을 하려고 집에 오자마자 메일부터 보내는 거야.

돌아오는 비행기 안에서도 내내 너희들과의 추억을 생각하느라 지루할 틈이 없었어. 세상에서 가장 긴 노래, 판소리를 들으며 엉덩이에 좀이 쑤셔 혼났던 일, 강릉에서 단오제 축제를 즐겼던 일, 보름달을 보며 강강술래를 했던 일, 하나하나가 선명하게 떠올라 혼자 웃기도 했어. 모두 행복하고 즐거운 경험이었어.

내가 예상했던 대로 명탐정과 나지혜는 환상의 팀이야. 뛰어난 추리력을 가진 명탐정과 꼼꼼하고 똑똑한 나지혜 덕분에 부채의 비밀도 풀게 되고, 할아버지가 어떤 분이었는지도 알게 되었으니 말이야. 그런 팀과 함께할 수 있어서 정말 영광이었어.

너희들과 있는 동안 나는 내가 누구인지 다시 한 번 생각해 보게 되었어. 그리고 비록 미국에 살고 있지만 나는 여전히 한국 사람이라는 사실을 깨달을 수 있었어. 그동안 나의 나라 대한민국에 대해 너무도 모르고 있었다는 것도 느꼈어. 줄꾼 아저씨의 말처럼 난 우리나라, 우리 문화를 잊지 않고 기억할 거야. 난 한국인이고 우리 할아버지 손자니까. 지금 난 할아버지를 다시 만난 기분이야. 할아버지도 하늘에서 기뻐하고 계시겠지?

　너희들이 그리울 거야. 그럼 다음에 만날 때까지 잘 지내. 안녕.

미국 샌프란시스코에서 샘

　★ 추신: 명탐정, 나지혜! 이제 그만 좀 싸워. 서로 좋아해서 그런다는 건 알고 있지만 말이지. 큭큭.

샘에게

　샘, 잘 도착했다니 다행이야. 우리도 너와 같이한 여행이 정말 즐거웠어. 절대 잊지 못할 거야.

　강릉단오제 때 만든 부채 선물은 고마워. 정말 할아버지 부채랑 똑같던걸! 네가 보고 싶을 때마다 꺼내 볼게. 단오가 되어 날이 더워지면 네가 준 부채로 시원하게 부칠 거야. 그럼 잘 지내.

한국의 서울에서 명탐정과 나지혜

　★ 추신: 샘, 우리가 좋아하는 사이라고 오해하지는 말아 줘. 부탁이야. 그리고 부채 귀퉁이에 그린 우리 얼굴, 진짜 웃겨. 우리가 어떻게 이렇게 생겼니?

명탐정의 탐정 수첩

유네스코 인류무형유산

　유네스코에서는 여러 세대를 거쳐 전해 내려온 가치 있고 독창적인 공연 예술이나 놀이, 의식, 축제, 전통 공예 등을 인류무형유산으로 지정하고 있다. 이것은 세계화와 도시화, 무관심 등으로 인해 점차 사라져 가는 유산을 인류가 함께 보호하고 지켜 나가고자 하는 것이다. 이와 같은 인류무형유산의 지정은 각 나라의 다양한 문화를 서로 이해하고 존중하는 데도 큰 도움을 주고 있다.

　우리나라는 종묘제례 및 종묘제례악(2001), 판소리(2003), 강릉단오제(2005), 강강술래, 남사당놀이, 영산재, 제주칠머리당영등굿, 처용무(2009), 가곡, 대목장, 매사냥(2010)의 11개 목록이 유네스코 인류무형유산에 등재되었다. 그리고 2011년에 줄타기, 택견, 한산모시짜기의 3개 목록이 추가로 등재되어 현재는 14개 목록이 유네스코 인류무형유산에 등재되어 있다.

● **세계 여러 나라의 인류무형유산**

　유네스코에 등재된 인류무형유산으로는 총 84개국 213건이 있다. 그중 몇 가지를 살펴보면 다음과 같다.

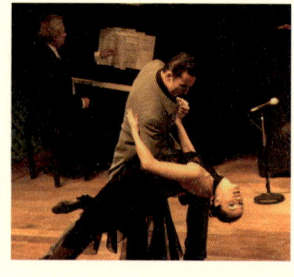

탱고(아르헨티나·우루과이)
아르헨티나와 우루과이의 전통 춤 탱고는 이 지역에 살던 유럽계 이민자, 아프리카 노예의 후손, 원주민 들의 문화가 통합·변형되어 만들어진 것이다. 우리나라의 '강강술래', 일본의 '아이누 춤' 등 춤과 노래, 기악, 축제 들은 대부분 전통문화로서 역사적 가치를 가지는데, 탱고는 전 세계인이 즐기는 춤과 음악이며, 오늘날 부에노스아이레스 거리에서도 흔히 발견할 수 있는 '현재의 예술'이다.

프랑스 음식 문화

프랑스에서는 출생, 생일, 결혼, 기념일 등 중요한 행사가 있을 때 사람들을 불러 모아 잔치를 벌이는데, 이때 재료를 선택하고, 상을 차리고, 음식을 만들고, 먹는 전 과정이 인류무형유산으로 등재되었다. 이 밖에 유네스코 인류무형유산에 등재된 음식문화유산으로는 멕시코의 전통 음식, 에스파냐·모로코·그리스·이탈리아가 공동으로 신청한 지중해 음식이 있다.

머람(태국)

태국 이산 지역에서 전승되는 민요의 일종인데, 우리 판소리와 비슷한 종합 예술이다. 이산 지역 사람이라면 누구나 부르고 즐기며, 태국 국민들에게도 많은 사랑을 받고 있다.

크메르 그림자극(캄보디아)

가죽으로 만든 2미터 높이의 꼭두각시가 주 도구이다. 과거에는 귀족들을 대상으로 캄보디아의 국가 공휴일인 크메르 신년(4월 14~16일)이나 왕의 생일 등 1년에 서너 번 특별한 행사가 있을 때 공연되었다.

자피마니리 부족의 목공예 지식 (마다가스카르)

마다가스카르 남동부 고원 지대에 사는 자피마니리 부족은 고유한 목공예 문화를 갖고 있다. 나무로 만든 벽, 창틀, 기둥, 연장 등에서 이들의 정교한 장식 기술을 발견할 수 있다. 목공품을 돋보이게 하는 장식은 인도네시아와 아랍의 영향을 받은 것으로 보인다.

참고한 책과 인터넷 사이트

김말복『우리 춤』, 이화여자대학출판부 2005.

김진영『김수연 창본 흥보가』, 이회문화사 2006.

김혜정『강강술래: 우리 몸에 새겨진 삶의 노래』, 한얼미디어 2004.

문무병·이명진『제주칠머리당영등굿: 중요무형문화재 제71호』, 국립문화재연구소 2007.

문무병·이명진『제주칠머리당영등굿: 중요무형문화재 제71호』(개정초판), 민속원 2008.

박용태·양근수『박첨지가 전하는 남사당놀이』, 엠애드 2008.

신응수『천년 궁궐을 짓는다: 궁궐 도편수 신응수의 삶과 고건축 이야기』, 김영사 2008.

신재효『한국 판소리 전집』, 서문당 1996.

심상현『영산재: 중요무형문화재 제50호』, 국립문화재연구소 2003.

심우성『남사당놀이: 중요무형문화재 제3호』, 화산문화기획 2000.

심우성 외『한국의 전통예술』, 한국문화재보호재단 1997.

안광선『강릉단오제가 유네스코로 간 까닭』, 민속원 2006.

유승훈『아니 놀지는 못하리라』, 월간미술 2009.

이성재『재미있는 우리 국악 이야기』, 서해문집 2006.

일연『삼국유사 1』, 이재호 옮김, 솔 1997.

임승범·최순권『종묘제례: 중요무형문화재 제56호』, 민속원 2008.

전경원『서동과 처용이 삼국유사를 박차고 나오다』, 꿈이있는세상 2006.

전인평『우리가 정말 알아야 할 우리 음악』, 현암사 2007.

정호원『고수레전설: 반도 민속편』, 한국학술정보 2009.

조삼래·박용순『하늘의 제왕 맹금과 매사냥』, 공주대학교출판부 2008.

채희완 외『춤, 탈, 마당, 몸, 미학 공부집』, 민속원 2009.

최동현『판소리 이야기』, 작가 2001.

판소리학회『판소리의 세계』, 문학과지성사 2000.

한국문화재보호재단『아름다운 만남: 한 권으로 만나는 중요무형문화재 215人』, 한국문화재보호재단 2004.

한국정신문화연구원『한국민족문화대백과사전 1』, 한국정신문화연구원 1995.

한국정신문화연구원『한국민족문화대백과사전 5』, 한국정신문화연구원 1995.

홍윤식『영산재』, 대원사 1996.

강릉단오문화관 www.danocenter.kr

국립국악원 e-국악아카데미 www.egugak.go.kr

국립문화재연구소 www.nrich.go.kr

남사당놀이보존회 www.namsadang.or.kr

문화재청 www.cha.go.kr

안성시립남사당바우덕이풍물단 www.namsadangnori.org

유네스코와 유산(한국의 유네스코 유산) www.unesco.or.kr/heritage/index.asp

(사)강릉단오제보존회 www.danoje.or.kr

(사)강릉단오제위원회 www.danojefestival.or.kr

(사)종묘제례보존회 www.jongmyo.net

한국민속매사냥보존회 www.falconry.kr

한국전통매사냥보전회 www.kfa.ne.kr

사진 제공

국립국악원 38면

권영일 63면

김교남 56면(법고춤)

뉴스뱅크 49면

(사)강릉단오제위원회 75, 81, 88, 89면

(사)해남우수영강강술래 진흥보존회 100, 104면

안성시립남사당바우덕이풍물단 127면

연합뉴스 51면

월정사성보박물관 80면

유네스코 세계무형문화유산 중요무형문화재 제50호 영산재보존회 56면(바라춤, 나비춤)

줄타기권연태연희단 124면

환경일보 48면(사직단)

* 이 책에 수록된 사진 중 일부는 원저작권자를 확보하기 위한 노력에도 불구하고 권리자의 허가를 확보하지 못한 상태로 출간되었습니다. 저작권자가 확인될 시 창비는 원저작권자와 최선을 다해 협의하겠습니다.
All reasonable measures have been taken to secure Korean translation copyright of the photos in this book, but some of them couldn't be legally secured. If the copyright holders appear, Changbi will take responsibility for the use of the photos and discuss the best way of copyright use.

사회와 친해지는 책 ❖ 전통문화

명탐정, 인류무형유산을 찾아라!
유네스코가 선정한 한국의 무형유산

2012년 4월 13일 초판 1쇄 발행
2020년 7월 22일 초판 4쇄 발행

지은이 　 날개달린연필
그린이 　 홍선주

펴낸이 　 강일우
책임편집 　 천지현
디자인 　 이재희
펴낸곳 　 (주)창비
등록 　 1986. 8. 5. 제85호
제조국 　 대한민국
주소 　 10881 경기도 파주시 회동길 184
전화 　 031-955-3333
팩스 　 031-955-3399(영업) 031-955-3400(편집)
홈페이지 　 www.changbikids.com
전자우편 　 dongmu@changbi.com

ⓒ 날개달린연필, 홍선주 2012
ISBN 978-89-364-4624-6 73900

* 이 책 내용의 일부 또는 전부를 재사용하려면 반드시 저작권자와 창비 양측의 동의를 얻어야 합니다.
* 책값은 뒤표지에 표시되어 있습니다.
* KC마크는 이 제품이 공통안전기준에 적합하였음을 의미합니다.